Eva Schiefer Eva Maria Lipp

KREATIVES AUS MILCH & CO

SELBST HERSTELLEN

avBUCH

Foto © Miguel Dieterich

Aufgewachsen sind wir in klein strukturierten Milchviehbetrieben. Hier war und ist die Milch ein Produkt des täglichen Lebens – als Gegenstand der Arbeit und des Genusses zugleich.

Vor Jahrzehnten war die Milchverarbeitung für den Hausgebrauch in diesen Betrieben durchaus üblich. Wir haben von unseren Müttern als Kinder gelernt, Milch zu verarbeiten, sei es die Arbeit mit der Milchzentrifuge, das Rühren der Butter oder die Zubereitung des Kochkäses und „Ennstaler Steirerkäses".

Allein der Gedanke an frisch gerührte Butter auf einem herzhaften Bauernbrot, belegt mit Käse, lässt uns noch heute das Wasser im Mund zusammenlaufen.

Was uns sehr am Herzen liegt, ist das Bewahren des alten Wissens rund um die traditionellen Verfahren der Milchverarbeitung. In diesem Buch haben wir unser vor Langem erworbenes Wissen und Können mit neuen Ideen und innovativen Rezepturen gepaart. So ist eine schöne Harmonie entstanden, die in jede heutige Küche übertragbar ist.

Mit den Rezepten möchten wir bei den Leserinnen und Lesern die Freude an der Milchverarbeitung wecken und der Milch denjenigen Stellenwert in unserer Ernährung zusprechen, den sie verdient. Selbst hergestellte Milchprodukte erlauben eine unglaubliche Bereicherung des täglichen Speiseplans durch die sehr große Vielfalt an möglichen Köstlichkeiten.

Ein weiteres Anliegen ist es uns naturverbundenen Frauen, dass die Menschen die Lebensmittel wieder „schmecken lernen". Die große Geschmacksvielfalt ist durch die Zunahme von Fertigprodukten, die landauf, landab gleich schmecken, schon vielfach verloren gegangen. In vielen Küchen wird heute selten gekocht. Kleine Betriebe, die Lebensmittel noch auf die gute alte Art verarbeiten, können wirtschaftlich kaum mehr überleben. So geht auch der jeweilige regionale Geschmack verloren. Je größer unsere Lebensmittelfabriken werden, umso einheitlicher wird der Geschmack. Je globaler unser Wirtschaftsraum, umso mehr Wert wird auf eine längere Haltbarkeit gelegt.

Mit diesem Buch möchten wir Lust darauf machen, Produkte selbst herzustellen. Da sind die Zutaten bekannt und man muss sich nicht immer mit schwer lesbaren Kennzeichnungen herumplagen. Der individuelle Geschmack bekommt wieder große Bedeutung, weil die Selbstherstellung so vieles zulässt. Die Jahreszeiten halten wieder Einzug in die Speisen, wohingegen der Handel jahrein, jahraus dieselben Produkte anbietet. Dazu kommt schlussendlich noch die Freude, dass die Produkte gut gelungen sind und sich Familie und Gäste daran erfreuen.

Alle möchten gut essen. Das schließt gesunde Produkte nicht aus. Mit den folgenden Rezepturen ist dies auf jeden Fall möglich!

Viel Spaß bei den ersten Versuchen und gutes Gelingen!

Eva Schiefer   Eva Maria Lipp

Im Frühjahr 2018

Foto © Miguel Dieterich

KAPITEL EINS

Basics

Grundlegendes voraus

Genießen ist lebenswert! Darauf legen Menschen immer mehr Wert. Mit der eigenen Herstellung von Produkten aus natürlichen Zutaten ist sogar noch eine Steigerung möglich, da diese Ergebnisse ein gesundes Genießen ermöglichen.

Supermarkt, Nahversorger, Hofladen, Milchtheke, Käseladen, Gourmettempel ... In all diesen Verkaufsstätten wächst täglich das Angebot an verschiedenen Milchsorten und Produkten aus Milch. Für den Laien/die Laiin ist dies nicht mehr überschaubar. Einerseits fehlt die Zeit, sich mit den Produkten im Verkaufsregal zu befassen, auf der anderen Seite ist oft nicht klar, was all die Bezeichnungen auf dem Etikett tatsächlich aussagen. Natürlich gibt es wie bei vielen anderen Produkten Regionalbezeichnungen oder Eigennamen für die Produkte der verarbeitenden Betriebe beziehungsweise der DirektvermarkterInnen. Die Qual der Wahl lässt uns oft unschlüssig werden. Was nehme ich heute mit? Denn für mich und für meine Familie wünsche ich mir das Allerbeste.

Die Werbung trägt ihren Teil dazu bei, wird doch suggeriert, dass in den immer neu beworbenen Produkten das Beste enthalten ist. Dass dem nicht so ist, sehen wir spätestens bei einem genaueren Blick auf die Inhaltsstoffliste, die so manches anzeigt, was für die ansprechende Optik, den immer gleichen Geschmack und die lange Haltbarkeit des Produkts notwendig ist.

Kleine Köstlichkeiten selbst zaubern, das Urprodukt Milch direkt vom Bauernhof in die Küche mitnehmen und dann mit etwas Geduld für sich und die Familie unvergleichbare Genusserlebnisse herstellen, das ist es. Bei vielen Rezepten können Kinder bei der Herstellung mitarbeiten, und wenn sie die selbst hergestellten Milchprodukte später bei Tisch genießen dürfen, werden ihnen diese ganz besonders gut schmecken.

Selbst hergestellte Produkte sind komplett frei von Zusatzstoffen, Farbstoffen, Geschmacksverstärkern sowie Konservierungsmitteln. So hat die Natur das Produkt Milch geschaffen, so kann unser Körper sie optimal verwerten und so ist und bleibt sie ein wahrer, gesunder Genuss. Darum selbst herstellen, bei einem oder einer regionalen DirektvermarkterIn einkaufen, als Betrieb dahingehend selbst einen neuen Betriebszweig eröffnen oder einfach nur für den Eigenbedarf die köstlichen, natürlichsten Produkte herstellen.

Foto © Miguel Dieterich

Milch – ein ganz besonderes Lebensmittel

Milch ist in unseren Breiten ein einfach zu erzeugendes Produkt und somit von Natur gegeben für uns gedacht. Zudem tragen Rinder, Schafe und Ziegen zur Erhaltung unserer Kulturlandschaft bei. Die Milch von Säugetieren hat unterschiedliche Zusammensetzungen hinsichtlich der Inhaltsstoffe und somit gibt es unterschiedliche Verträglichkeiten.

Menschen nutzen die Milch von verschiedenen Säugetieren, die in den Regionen gehalten werden, seit Jahrtausenden als Nahrungsmittel. Milch ist eines der natürlichsten und wertvollsten Lebensmittel, das wir heute in reichlicher Menge und in den verschiedensten und besten Qualitäten zur Verfügung haben. Einerseits richtet sich die Auswahl nach der Art der Tier – ob Kuh, Schaf oder Ziege, möglicherweise auch von der Stute. Milch ist eiweißreich, fettarm und wegen des natürlichen Kalziumgehalts für die abwechslungsreiche Ernährung besonders wichtig. Das Kalzium aus der Milch kann vom Körper bestens verwertet werden, die anderen Inhaltsstoffe wie Milchzucker fördern und unterstützen die Aufnahme dieses wertvollen Mineralstoffes.

Wenn wir von Milch sprechen, meinen wir allgemein Kuhmilch. Tiere kennen keinen Sonn- und Feiertag und machen auch keinen Urlaub. Damit eine Kuh regelmäßig gemolken werden kann und uns die entsprechende Menge Milch liefert, muss sie ausreichend Futter in Form von Heu oder Silage bekommen. Zusätzlich erhält sie je nach Bedarf Getreide und Mineralfutter. Täglich trinkt eine Kuh zum Futter circa 80 bis 180 Liter Wasser.

Die Kuhhaltung wirkt sich auf die Qualität der Milch aus.

Die Milchproduktion einer Kuh beginnt nach der Geburt eines Kalbes. Die erste Milch (= Biestmilch) bekommt in den ersten Tagen nach der Geburt das Kalb. Diese Milch ist besonders gehaltvoll und der beste Start für die Ernährung des neugeborenen Kalbes.

Eine Kuh gibt nach der Geburt eines Kalbes circa 25 Liter Milch pro Tag. Dafür wird sie normalerweise zweimal pro Tag mithilfe einer Melkmaschine gemolken. Dies geschieht durchschnittlich 305 Tage pro Jahr. Die restliche Zeit des Jahres wird die Kuh nicht gemolken, damit sie sich auf die Geburt des Kalbs vorbereiten kann.

Gesunde Tiere, eine intakte Landschaft und fleißige Bauern sorgen dafür, dass wir regelmäßig diese „kuhle" Köstlichkeit und die daraus hergestellten Produkte genießen dürfen. Die Betriebsgrößen haben sich in den letzten Jahrzehnten aus wirtschaftlichen Gründen nach oben verändert. Dennoch sind die Tiere für die Landwirte noch immer wertvolle Lebewesen, die dementsprechend behandelt und versorgt werden. Eine moderne Landwirtschaft kommt dem Wohlbefinden der Tiere sogar vielfach entgegen.

Artgerechte Tierhaltung (Auslauf, Weide, ausreichend Liegeflächen usw.) und eine gesunde Ernährung der Kühe mit Grundfutter (Gras, Heu und Silage) sind ausschlaggebend für eine gute Qualität der Milch. Die Einhaltung der Hygienevorschriften bei der Milchgewinnung und das sofortige Abkühlen nach dem Melken auf 4 Grad sind weitere wichtige Qualitätskriterien. Strenge Kontrollen bei der Übernahme der Milch durch den Tankwagen und in der Molkerei selbst stellen sicher, dass nur Milch bester Güte verarbeitet wird.

Die Milch für den Menschen

Milch hat für die menschliche Ernährung von Geburt an die größte Bedeutung. Muttermilch ist die erste Nahrung des Kindes. Erst nach Vollendung des ersten Lebensjahrs ist die Verdauung so weit entwickelt, dass Kuhmilchprodukte vom Körper gut verwertet werden können.

In unseren Breiten nimmt besonders die Kuhmilch eine wichtige Rolle als Lieferant von wertvollen Nährstoffen ein. Bei den Mineralstoffen – fast ein ganzes Prozent – sind neben dem Kalzium Eisen, Natrium, Kalium, Phosphor und Magnesium sowie Jod und Zink zu erwähnen. Kuhmilch enthält außerdem die fett- und wasserlöslichen Vitamine A, D, E, K, B_1, B_2 (Riboflavin), B_6 und B_{12} (Cobalamin).

Schaf- und Ziegenmilchprodukte ergänzen die weiße Palette im Kühlregal. Vereinzelt werden auch Produkte aus Stutenmilch angeboten. Stutenmilch ist die wässrigste Milch mit mehr als 90 % Wasseranteil und hat den höchsten Wert an Kohlenhydraten mit 6 %. Die Schafmilch weist hingegen den höchsten Proteinanteil mit 7 % auf. Vielfalt bedeutet Wahlmöglichkeit. So sind Milchprodukte zu Genussprodukten geworden.

1. *Von welchen Säugetieren wird in unseren Breitengraden Milch für die menschliche Ernährung gewonnen?*
2. *Welche wertgebenden Inhaltsstoffe zeichnen die Milch als besonderes Lebensmittel aus?*
3. *Für welchen Mineralstoff ist die Milch besonders bekannt und welcher Bestandteil in der Milch unterstützt die Aufnahme dieses Mineralstoffes im Körper?*
4. *Wie viel Wasser trinkt eine Kuh täglich zum Raufutter und Kraftfutter?*
5. *Wie nennt man die erste Milch nach der Geburt des Kalbes und was zeichnet diese besonders aus?*
6. *Wie viele Tage im Jahr wird eine Kuh durchschnittlich gemolken?*
7. *Wie sieht eine artgerechte Tierhaltung für Rinder aus?*
8. *Durch welche Maßnahmen nach der Melkarbeit bleibt die Milchqualität erhalten?*
9. *Wodurch unterscheidet sich die Milch von Kuh, Schaf und Stute?*

Foto © Miguel Dieterich

Milch ist nicht gleich Milch

In diesem Kapitel sind die verschiedenen Trinkmilcharten mit ihren Fettgehaltsstufen und ihre jeweilige technische Behandlung beschrieben. Zudem sind auch die Besonderheiten wie Biomilch und Heumilch beschrieben. Ergänzend dazu die Unterschiede der Milch von bei uns gängigen Säugetieren. Der zweite Teil des Kapitels beschreibt die Inhaltsstoffe der Milch.

Allein die Vielfalt des Angebots an Milch zeigt uns, was den Konsumenten alles geboten wird. Die Unterschiede zwischen den einzelnen Trinkmilcharten sind wenig bekannt. Ein deutliches Kennzeichen ist der Fettgehalt, der gut lesbar auf der Verpackung stehen muss. Ebenso muss angegeben werden, wie die Milch behandelt wurde. Milch zum Genießen und zum Weiterverarbeiten finden wir in verschiedenen Fettstufen und unterschiedlicher Haltbarkeitsdauer im Handel in den Kühlregalen:

ROHMILCH

Die unbehandelte Milch, die unmittelbar nach dem Melken gekühlt wird. Sie wird direkt vom Bauern vermarktet und ist nur kurz haltbar. Es muss der Hinweis erfolgen, dass die Milch vor dem Verzehr abgekocht werden muss. Diese ist für Konsumenten regional direkt auf Bauernhöfen oder bei Milchautomaten erhältlich. Für die Herstellung von Käse wird in verschiedenen Regionen Rohmilch bevorzugt beziehungsweise verwendet, da diese Käsesorten aromatischer sind. Das gilt insbesondere für Hartkäse wie Bergkäse oder Emmentaler.

VORZUGSMILCH

Rohmilch von einem Bauernhof in abgepackter Form im Handel. Die Betriebe, die Vorzugsmilch anbieten, haben höchste hygienische Vorschriften einzuhalten. Die Milch wird direkt am Bauernhof abgepackt und muss innerhalb von 24 Stunden verkauft werden. Sie muss den Hinweis „Vor dem Verzehr abkochen" auf der Packung enthalten. Diese Milch ist im Handel eher selten zu finden.

PASTEURISIERTE VOLLMILCH

Die bekannteste und am häufigsten gekaufte Milchsorte. Der durchschnittliche Fettgehalt dieser Milch liegt bei mindestens 3,5 Prozent. Pasteurisierte Vollmilch hält bei gekühlter Lagerung bis zu zehn Tage. Vollmilch ist durch ihren einzigartigen abgerundeten Geschmack auch ohne weitere Zutaten ein sehr bekömmliches und herrlich mundendes Nahrungsmittel. Des Weiteren ist sie in der Küche sehr vielseitig einsetzbar als Zutat in verschiedensten Gerichten.

Diese Milch ist homogenisiert und somit setzt sich das Fett nicht wie bei der Rohmilch an der Oberfläche ab. Die Pasteurisierung erfolgt durch kurzzeitiges Erhitzen der Milch auf mindestens 60 °C, wodurch es zu einer Abtötung möglicher Mikroorganismen kommt.

„Vollmilch mit natürlichem Fettgehalt" wird nicht wie die standardisierte Vollmilch auf einen Fettgehalt von 3,5 Prozent eingestellt, sondern behält ihren natürlichen Fettgehalt, der mindestens 3,5 Prozent betragen muss, jedoch auch über 4 Prozent liegen kann.

LEICHTMILCH

Ist eine pasteurisierte und homogenisierte Milch mit einem durchschnittlichen Fettgehalt von 1,5 Prozent. Diese Milch wird besonders von Personen geschätzt, die sich fettarm ernähren möchten, und wird aufgrund des geringen Kaloriengehalts oft in der Diätetik eingesetzt.

MAGERMILCH

Entrahmte Milch, die einen Fettgehalt von maximal 0,5 Prozent enthalten darf. Wie die anderen auch ist diese pasteurisiert und homogenisiert. Sie ist die Grundlage für viele kalorienarme Käsearten.

ESL-MILCH ODER „LÄNGERFRISCHE" MILCH

ESL bedeutet „extended shelf life", was für eine längere Haltbarkeit im Regal steht. Diese Milch

Foto © Miguel Dieterich

wird durch ein schonendes, nur eine Sekunde dauerndes Erhitzungsverfahren eine bis zu drei Wochen haltbare Milch. Sobald eine Packung geöffnet ist, ist die ESL-Milch ebenso wie Frischmilch innerhalb weniger Tage aufzubrauchen.

H-MILCH ODER HALTBARMILCH

Diese Milch wird ultrahocherhitzt, das bedeutet 20 Sekunden auf 120 Grad erhitzt, sodass alle enthaltenen Keime abgetötet werden. Ebenso wird diese homogenisiert. Sie enthält dadurch wesentlich weniger Vitamine als Rohmilch oder frische Vollmilch und hat einen typischen Kochgeschmack. Abgefüllt ist diese ungekühlt im Regal mehrere Monate haltbar. Wobei es nur in abgelegenen Regionen einen Grund gibt Milchvorräte anzulegen, da frische Milch meist täglich erhältlich ist.

LAKTOSEFREIE MILCH

Milch, bei der der Milchzucker in der Verarbeitung in die Einfachzucker Glukose und Galaktose aufgespalten wird, damit auch Menschen mit Laktoseintoleranz sie ohne Probleme verzehren können. Diesen Personen fehlt ein Enzym, das normalerweise die Aufspaltung übernimmt. Für Personen ohne Laktoseintoleranz gibt es keinen Grund, sich grundsätzlich laktosefrei zu ernähren.

BIOMILCH

Milch von Kühen, die auf biologisch bewirtschafteten Betrieben gehalten werden. Sie unterscheidet sich in ihrer Zusammensetzung nicht von der herkömmlichen Milch und ist hauptsächlich als pasteurisierte Vollmilch erhältlich.

HEUMILCH

Heumilch ist Milch von Kühen, die ausschließlich mit Gras, Heu und Getreide gefüttert werden, während Silage und andere gärende Futtermittel nicht zum Einsatz kommen. Untersuchungen zufolge enthält Heumilch deutlich mehr Omega-3-Fettsäuren und Linolsäuren als Milch von herkömmlich gefütterten Kühen. Diese Fettsäuren sind für die Gesundheit des Menschen besonders wertvoll. Heumilch ist für die Herstellung von Milchprodukten und insbesondere auch wieder für Hartkäsesorten sehr gut geeignet.

ZIEGENMILCH

Die Milchalternative für Personen, die keine Kuhmilch vertragen. Sie ist etwas eiweißärmer als Kuhmilch, enthält weniger Fett und wird besonders gern zu Frischkäseprodukten und Joghurt verarbeitet.

SCHAFMILCH

Diese ist eiweiß- und fettreicher als Ziegenmilch und Kuhmilch. Schafmilch wird vorwiegend in verarbeiteter Form als Joghurt und Käse angeboten. Sie ist aber auch eine Trinkmilchalternative, wenn Kuhmilch nicht so gut vertragen wird.

STUTENMILCH

Eine selten angebotene Milch, die vorwiegend im Delikatessenladen oder direkt ab Hof erhältlich ist. Stutenmilch ist sehr mager und wird in der Diätetik eingesetzt.

Das steckt in der Milch

MILCHEIWEISS

Eiweiß von großer biologischer Wertigkeit, das heißt, der Körper kann das meiste in körpereigenes Eiweiß umwandeln. Eiweiß ist der wichtigste Baustoff für unseren Körper.

Milcheiweiß besteht aus Kasein, Albumin und Globulin. Des Weiteren enthält das Eiweiß der Milch viele lebensnotwendige Aminosäuren, die unser Körper für den Aufbau und die Erhaltung der Körperzellen braucht.

MILCHFETT

Milch enthält durchschnittlich 3,5 Prozent Fett. Es ist leicht verdaulich, unterstützt die Aufnahme der fettlöslichen Vitamine A, D, E und K und ist ein wertvoller Energielieferant. Das Milchfett ist eine Fett-in-Wasser-Emulsion, das heißt, dass die Fettkügelchen sehr fein in der Flüssigkeit verteilt sind. Sie bewirken auch die weiße Farbe der Milch.

Milch besteht zwar zu 90 Prozent aus Wasser, enthält aber dennoch unzählige wertvolle Bestandteile.

MILCHZUCKER

Wird auch Laktose genannt und gehört zu den Kohlenhydraten. Er ist verantwortlich für den leicht süßlichen Geschmack der Milch. Er liefert Energie, ist der Grundstoff für die Milchsäuregärung und schnell verwertbar. Er wird bei der Verdauung im Darm durch das Enzym Laktase in Galaktose und Glukose gespalten, die dann vom Körper aufgenommen werden können.

MINERALSTOFFE

Milch enthält viele Mineralstoffe und vor allem die Mineralstoffe Kalzium und Phosphor. Sie sind Baustoffe für unsere Knochen und Zähne. Insbesondere für Kinder und Jugendliche ist eine ausreichende Versorgung mit diesen Mineralstoffen wichtig. Täglich ein Glas Milch deckt zum Beispiel den Kalziumbedarf eines heranwachsenden Kindes. Ältere Personen benötigen Kalzium und Phosphor zur Vorbeugung von Osteoporose.

VITAMINE

In der Milch sind neben den fettlöslichen Vitaminen A, D, E und K die Vitamine der B-Gruppe, insbesondere B_2 und B_{12}, vorhanden. Vitamin C ist nur in geringen Mengen enthalten. Der exakte Vitamingehalt der Milch ist abhängig von der Fütterung, der Haltung (Stall oder Weide) und der Jahreszeit. Durch das Pasteurisieren gehen leider etliche der wertvollen Vitamine aus der Milch verloren. Den größten Verlust an Vitaminen erfährt die Milch, wenn sie gekocht wird.

WASSER

Milch besteht bis zu 90 Prozent aus Wasser. Den größten Wasseranteil hat Stutenmilch, den geringsten Wasseranteil hat die Schafmilch. Kuhmilch hat circa 87 Prozent Wasseranteil.

1. *Wonach richten sich die Bezeichnungen von im Handel angebotener Milch?*
2. *Warum wird Milch pasteurisiert?*
3. *Wie erfolgt der Vorgang der Pasteurisierung?*
4. *Welchen natürlichen Fettgehalt hat die Kuhmilch?*
5. *Was heißt ESL-Milch und was ist das besondere Merkmal dieser Milch?*
6. *Wie wird H-Milch behandelt, um die lange Haltbarkeit zu erzielen?*
7. *Was ist Heumilch und welche Vorzüge hat diese?*
8. *Wie wird laktosefreie Milch behandelt, um sie für Menschen mit Laktoseunverträglichkeit verträglich zu machen?*
9. *Welche Aufgabe hat der Milchzucker in der Ernährung beziehungsweise in der Lebensmitteltechnologie?*
10. *Was bedeutet die hohe biologische Wertigkeit des Milcheiweißes?*
11. *Wodurch wird die Aufnahme der in der Milch enthaltenen Vitamine A, D, E und K unterstützt?*
12. *Wovon hängt der tatsächliche Vitamingehalt in der Milch ab?*

Milch einkaufen, lagern und verarbeiten

Für den Erhalt einer guten Milchqualität ist die richtige Lagerung beziehungsweise durchgehende Kühlung von großer Bedeutung. Besondere Beachtung gilt bei der Milchverarbeitung der Hygiene, denn nur dadurch ist eine Gewährleistung einer guten und haltbaren Qualität möglich. Beschrieben sind auch die nützlichen und notwendigen Geräte für eine einfache Milchverarbeitung. Die in den Rezepten erwähnten Fachausdrücke werden hier genau erläutert. jeweilige technische Behandlung beschrieben. Zudem sind auch die Besonderheiten wie Biomilch und Heumilch beschrieben. Ergänzend dazu die Unterschiede der Milch von bei uns gängigen Säugetieren. Der zweite Teil des Kapitels beschreibt die Inhaltsstoffe der Milch.

- Beim Einkauf der Milch ist auf ein ausreichendes Haltbarkeitsdatum zu achten. Wird die Milch noch am selben Tag verbraucht, muss im Sinne eines möglichst geringen Anteils weggeworfener Lebensmittel nicht die Packung mit der längsten Haltbarkeit gewählt werden.

- Milch und Milchprodukte sollen möglichst rasch nach dem Einkauf im Kühlschrank bei 3 bis 6 Grad gelagert werden. Nach dem Öffnen der Packung sollte Milch innerhalb von zwei bis drei Tagen verbraucht werden. Das gilt auch für ESL-Milch und für H-Milch.

- Milch soll im Kühlschrank gut verschlossen gelagert sein, da sie leicht Fremdgerüche annimmt.

Einwandfreie Hygiene gewährleistet die Herstellung gesunder Produkte:

- Alle Geräte, die in der Küche für die Verarbeitung von Milch verwendet werden, müssen vorher mit kochend heißem Wasser gespült werden. Durch diese Heißreinigung wird vermieden, dass schädliche Keime die Milch oder das spätere Produkt beeinträchtigen und ungenießbar machen.

- Für die Milchverarbeitung sehr saubere und kochfeste Tücher aus Leinen oder Baumwolle verwenden. Diese Tücher nicht für andere Zwecke in der Küche benutzen und immer im Kochwaschprogramm reinigen, damit keine Fremdstoffe in das Milchprodukt gelangen.

- Persönliche Hygiene ist unverzichtbar, wobei insbesondere auf die Handhygiene und Reinigung der Fingernägel großer Wert gelegt werden muss.

- Milch, wenn möglich, für die Verarbeitung im Wasserbad erwärmen, da sich das Milcheiweiß bei direkter Hitze am Topf ansetzt beziehungsweise anlegt.

- Edelstahlgeschirr und emailliertes Geschirr eignen sich sehr gut für die Verarbeitung von Milch.

- Die Schritte für die Herstellung der verschiedenen Milchprodukte in diesem Buch sollten genau nach Rezept eingehalten werden. Dann steht einem Gelingen und dem Genuss höchster Qualität nichts mehr im Weg. Insbesondere bei der Verwendung von Lab, das für die Gerinnung der Milch benötigt wird, ist die angegebene Menge unbedingt einzuhalten, damit das Produkt die richtige Konsistenz erhält.

- Fertige Milchprodukte sofort kühlen und bis zur weiteren Verwendung kühl lagern.

- Besonders an warmen Tagen darauf achten, dass die Kühlkette nicht unterbrochen wird.

Nützliche Helfer bei der Verarbeitung von Milch

Foto © Miguel Dieterich

Zur Herstellung von Milchprodukten bedarf es einiger weniger Hilfsmittel aus dem Haushalt. Meist reichen die vorhandenen Küchenutensilien, um Köstlichkeiten aus dem wertvollen Naturprodukt Milch herzustellen. Eine kleine Auswahl der uns notwendig erscheinenden Geräte ist nachstehend aufgeführt:

SPEISENTHERMOMETER

Es ist notwendig, um die Temperatur genau zu erfassen, die bei der Herstellung der einzelnen Produkte eingehalten werden soll. Das Thermometer ist wohl das wichtigste Gerät bei der Verarbeitung von Milch.

MILCHTOPF

Ein doppelwandiger Topf, der das Anlegen der Milch im Topf verhindert.

SIEB

Zum Abseihen von Molke benötigt man ein möglichst feinmaschiges Sieb. Das Fassungsvermögen sollte mindestens zwei Liter betragen.

LEINENTÜCHER ODER KOCHFESTE BAUMWOLLTÜCHER

Sie werden bei der Herstellung von Topfen benötigt.

KÄSEFORMEN MIT LÖCHERN

Diese Formen kann man auch gut selbst herstellen. Dazu nimmt man Frischhaltebecher mit gut verschließbaren Deckeln, in die mit einer heißen Stricknadel oder mit einer Bohrmaschine Löcher zum Abfließen der Molke gestochen oder gebohrt werden. Im Fachhandel sind auch fertig perforierte Käseformen mit Deckel erhältlich.

GITTERROST

Dieses übliche Zubehör von jedem Backofen ist gut geeignet zum Entmolken der verschiedenen Käsearten.

PALETTE ODER BREITE MESSER

Zum Schneiden der Gallerte beziehungsweise des Käsebruchs.

Foto © Miguel Dieterich

Erläuterung wichtiger Fachausdrücke

BEBRÜTEN

Das Warmhalten zum Beispiel von Joghurt bei einer bestimmten Temperatur im Wasserbad oder im Backofen für einen bestimmten Zeitraum.

BEIMPFEN

Darunter versteht man die Zugabe bestimmter Bakterien, sogenannter Starterkulturen, zur Milch im Lauf der Verarbeitung. Beimpfen erfolgt mit dem Ziel, Konsistenz und Geschmack zu verändern. Diese Milchsäurebakterien machen aus Milch Sauermilch oder Joghurt.

BRUCH/KÄSEBRUCH

Die Gallerte wird mit einer Käseharfe (ein Werkzeug aus einem Edelstahlrahmen mit feinen, parallel gespannten Drähten) oder mit einem Messer in kleine Würfel geschnitten.

Der so entstandene Käsebruch wird nach dem Schneiden der Gallerte mit einer Palette bewegt. Dabei entmolkt der Bruch und je nach gewünschter Festigkeit muss er unterschiedlich lange bewegt werden. Für manche Käsearten ist eine Erhitzung des Käsebruchs erforderlich.

DICKLEGEN DER MILCH

Das Eiweiß der Milch muss für die Herstellung von Käse und Topfen zum Gerinnen gebracht werden. Diesen Vorgang nennt man Dicklegen.

Dazu werden der vorgewärmten Milch Milchsäurebakterien in Form von Buttermilch, Sauermilch oder Joghurt beigemengt. Dies bewirkt eine Gerinnung des Milcheiweißes und die Milch wird dick. Es entsteht die Gallerte.

GALLERTE

Bezeichnung für dickgelegte Milch. Die Gallerte ist die Masse, die dann zu Käse oder Topfen weiterverarbeitet wird.

HOMOGENISIEREN

Das Milchfett ist in der Milch in kleinen Kügelchen vorhanden und setzt sich nach dem Melken und Kühlen an der Oberfläche als Obersschicht ab. Damit dies nicht passiert, wird die Milch nach der Anlieferung in der Molkerei mithilfe von hohem Druck durch feine Düsen gepresst. Dabei werden die Fettkügelchen um ein Vielfaches verkleinert und in der Milch gleichmäßig verteilt. Dies verhindert das sogenannte Aufrahmen beziehungsweise Absetzen des Milchfetts an der Oberfläche der Milch.

IMPFTEMPERATUR

Die richtige Temperatur bei der zu verarbeitenden Milch hängt vom jeweiligen Endprodukt ab. Sie muss vor dem Beifügen der Säuerungskulturen oder von Lab erreicht sein.

KÄSEBRUCH

Bezeichnung für die in kleine Würfel oder Stücke geschnittene Gallerte.

LAB

Natürliches Lab ist ein Enzym aus dem Kälbermagen. Lab bringt das Eiweiß der Milch bereits in geringsten Mengen zum Gerinnen, ohne die Milch dabei zu säuern. Dies ist notwendig für die Herstellung milder Käsesorten und für feinkörnigen Topfen.

Lab wird aus getrockneten oder tiefgefrorenen Kälbermägen gewonnen, kann aber auch künstlich hergestellt werden. Die Labmenge, die aus einem Kälbermagen gewonnen wird, reicht für das Dicklegen von circa 3500 Litern Milch.

MOLKE

Ein Nebenprodukt bei der Herstellung von Topfen und Käse. Die Molke enthält wertvolles Eiweiß und wird im Handel in verschiedensten Geschmacksrichtungen – meist Fruchtgeschmack – angeboten. Aus Molke wird der Molkenzieger (= Molketopfen, Frischkäse aus der Molke) hergestellt.

PASTEURISIEREN

Frischmilch hat eine Haltbarkeit von wenigen Tagen, auch wenn sie gekühlt gelagert wird. Für eine längere Haltbarkeit als circa sieben Tage wird Milch pasteurisiert. Bei diesem Verfahren wird die Milch mindestens 15 Sekunden auf 72 bis 75 Grad erhitzt. Dabei werden alle möglichen schädlichen Bakterien, die vorhanden sein könnten, unschädlich gemacht. In Österreich ist das Pasteurisieren der Milch vor dem In-Verkehr-Bringen gesetzlich vorgeschrieben. In Deutschland ist auch nicht pasteurisierte Milch, sogenannte Rohmilch, im Handel erhältlich.

SALZBAD

Das Salzbad brauchen wir bei der Herstellung von Käse. Es handelt sich um eine Salz-in-Wasser-Lösung mit 15 bis 20 Prozent Salz.

In einen Liter Wasser geben wir 150 bis 200 Gramm Salz und verrühren dieses, bevor der Käse eingelegt wird.

SEPARIEREN

Beim Separieren wird die Vollmilch in der Molkerei in einem Separator, einer Art Zentrifuge, in Magermilch und Obers getrennt. Der Magermilch wird anschließend wieder so viel Obers zugefügt, bis der angestrebte Fettgehalt erreicht ist.

STANDARDISIEREN

Milch und Milchprodukte werden im Handel in verschiedenen Fettgehaltsstufen angeboten.

Der Fettgehalt für die einzelnen Produkte ist gesetzlich geregelt und muss eingehalten werden. Um dies zu gewährleisten, entzieht man der Milch Fett oder fügt Fett in Form von Obers hinzu.

ULTRAHOCHERHITZEN

Ultrahocherhitzte Milch wird mindestens eine Sekunde auf 135 bis 145 Grad erhitzt. Dabei werden alle schädlichen Bakterien, die in der Milch vorhanden sein können, zerstört. Bei dieser Art der Haltbarmachung gehen leider auch einige Nährstoffe verloren, die die Milch als Nahrungsmittel wertvoll machen. Ein weiterer Nachteil dieser hocherhitzten Milch ist, dass sie einen leichten Kochgeschmack hat. Diese Milch ist bis zu sechs Monate haltbar. Nach dem Öffnen der Packung ist sie innerhalb von zwei bis drei Tagen aufzubrauchen.

1. *Bei welcher Temperatur wird die Milch im Kühlschrank gelagert?*
2. *Warum muss Milch gut verschlossen gelagert werden?*
3. *Aus welchen Materialien sollen die Tücher, die in der Milchverarbeitung verwendet werden, beschaffen sein?*
4. *Worauf ist bei der Körperhygiene besonders zu achten?*
5. *Wie kann das Anlegen der Milch beim Erhitzen am Topfboden beziehungsweise -rand verhindert werden?*
6. *Warum ist die angegebene Labmenge genau zu befolgen?*
7. *Zähle 5 nützliche Helfer für die Milchverarbeitung auf.*
8. *Wie können Käseformen günstig selbst hergestellt werden?*
9. *Erläutere die Fachausdrücke in der Milchverarbeitung.*
10. *Was bewirkt Lab in der Milchverarbeitung?*
11. *Wie kann Molke weiterverarbeitet werden?*
12. *Welche Salzkonzentration hat die Salz-in-Wasser-Lösung?*

WICHTIGER HINWEIS

Die bei den Rezepten angegebenen Nährwertinformationen sind als Richtwerte zu verstehen. Im Einzelfall können die tatsächlichen Werte abweichen, abhängig von den schwankenden Nährwertgehalten im Naturprodukt Milch und von der Zubereitungsart.

Foto © Miguel Dieterich

KAPITEL ZWEI

Sauermilch

Joghurt und Kefir

Sauermilch

ZUTATEN

500 ml Vollmilch
50 ml Sauerrahm oder Sauermilch

ZUBEREITUNG

- Die Milch in einem Topf auf 25 Grad erwärmen.
- Sauerrahm oder Sauermilch einrühren und das Milchgemisch bei Raumtemperatur (21 Grad) 14 bis 18 Stunden zugedeckt stehen lassen.
- Wenn die Milch „dickgelegt" ist, diese saure Milch in kleine Fläschchen oder Becher füllen und bis zum Verzehr kühl lagern.

Sauermilch ...

- ist Milch, die mit Sauermilchkulturen dickgelegt wurde.
- ist für jede Art von Milch anwendbar, kann mit Früchten beziehungsweise Gemüse geschmacklich verbessert werden.
- ist sehr bekömmlich durch die Aufspaltung des Milchzuckers.

Nährwert pro 100 g

Brennwert	ca. 80 kcal	Kohlenhydrate	5 g
Fett	5 g	Eiweiß	3 g

MIT MINERALWASSER AUFGESPRITZT IST DIES **EIN ERFRISCHENDER DURSTLÖSCHER** AN HEISSEN TAGEN.

Joghurt

ZUTATEN

500 ml Vollmilch 25 ml Naturjoghurt

ZUBEREITUNG

- Die Milch auf 90 Grad erhitzen. 10 Minuten bei dieser Temperatur heiß halten, dabei immer wieder ein wenig umrühren, damit sich die Milch nicht am Topf anlegt.
- Dann die Milch auf Impftemperatur (44 Grad) abkühlen lassen. Um den Vorgang zu beschleunigen, wird der Topf in ein eiskaltes Wasserbad gestellt.
- Nach Erreichen der Temperatur die Milch mit Joghurtkultur (4 Esslöffel Joghurt pro Liter Milch) beimpfen. Sofort in vorgewärmte Gläser abfüllen und mit Deckeln verschließen.
- Gefüllte Joghurtgläser auf ein mit warmem Wasser befülltes Backblech stellen. Im Backofen bei 42 bis 43 Grad 4 bis 5 Stunden bebrüten. Alternativ 18 bis 24 Stunden in einem warmen Raum (22 Grad, zum Beispiel Küche) reifen lassen.
- Die Gläser vorsichtig aus dem Wasserbad nehmen und bis zur weiteren Verwendung im Kühlschrank bei maximal 6 Grad aufbewahren.

Joghurt …

- ist ein mithilfe von beigesetzten Säuerungskulturen gesäuertes Milchprodukt.
- ist besonders bekömmlich durch Säuerung der verwendeten Milch.
- Ein Zusatz von Früchten, Gemüse und Kräutern ergibt vielfältige geschmackliche Komponenten.

Nährwert pro 100 g

Brennwert	70 kcal	Kohlenhydrate	5 g
Fett	4 g	Eiweiß	3 g

Joghurt mit Früchten

ZUTATEN

100 g Früchte der Saison 20 g Zucker oder 30 g Honig **250 ml Naturjoghurt**

ZUBEREITUNG

- Die frischen Früchte reinigen, gegebenenfalls entkernen, entsteinen oder zerkleinern und mit dem Zucker vermischen.
- Die Fruchtmasse kurz in einem Topf erhitzen und noch heiß mit dem Joghurt vermengen.
- Anschließend sofort in Gläser füllen und gut verschlossen bis zum Genießen im Kühlschrank aufbewahren.

Nährwert pro 100 g

Brennwert	100 kcal
Fett	3 g
Kohlenhydrate	16 g
Eiweiß	2 g

DIE FRÜCHTE KÖNNEN AUCH **OHNE VORHERIGES ERHITZEN** DEM JOGHURT BEIGEFÜGT WERDEN. DANN ALLERDINGS SOLLTE DIE SPEISE **SOFORT VERZEHRT** WERDEN.

Foto © Miguel Dieterich

Foto © Miguel Dieterich

Joghurt mit Kräutern

ZUTATEN

250 ml Naturjoghurt 20 g Kräuter (Schnittlauch, Petersilie, Giersch, Sellerie, Basilikum) **Salz nach Geschmack**

ZUBEREITUNG

- Die Kräuter waschen, trocken schütteln. Einige Basilikumblätter oder Petersilienblätter zur Garnierung beiseitelegen. Die übrigen Kräuter fein schneiden und mit dem Salz unter den Joghurt mischen. Mit den Kräutern garnieren.

Nährwert pro 100 g

Brennwert	60 kcal	Kohlenhydrate	4 g
Fett	4 g	Eiweiß	3 g

Bunter Gemüsejoghurt

ZUTATEN

250 ml Naturjoghurt 125 ml Karottensaft **125 ml Selleriesaft** Curry **Salz nach Geschmack Karottenstreifen und Kräuter zum Garnieren**

ZUBEREITUNG

- Alle Zutaten vermengen und gut mixen. Mit feinen Gemüsestreifen und Kräutern garnieren.

Nährwert pro 100 g

Brennwert	40 kcal	Kohlenhydrate	4 g
Fett	2 g	Eiweiß	2 g

Fruchtjoghurt

ZUTATEN

500 ml Vollmilch 50 ml Naturjoghurt
50 g Fruchtmark oder frische beziehungsweise tiefgekühlte Früchte 40 g Zucker

ZUBEREITUNG

- Die Milch auf 90 Grad erhitzen und 10 Minuten heiß halten.
- Die Milch dann auf eine Impftemperatur von circa 35 Grad abkühlen.
- Den Naturjoghurt untermengen.
- Den Joghurt bebrüten (im Backofen im Wasserbad bei circa 44 Grad 4 bis 5 Stunden oder bei Zimmertemperatur bei 21 Grad circa 18 Stunden).
- Die Fruchtmasse pürieren und unter den Joghurt mischen. Nach Geschmack eventuell Zucker beimengen.
- Die gut verrührte Masse in vorgewärmte Gläser füllen und verschließen. Im Kühlschrank bei maximal 6 Grad lagern.

Nährwert pro 100 g

Brennwert	90 kcal	Kohlenhydrate	11 g
Fett	3 g	Eiweiß	3 g

DIE FRUCHTMASSE **VORSICHTIG** IN DEN JOGHURT EINRÜHREN.
ES IST VON VORTEIL, WENN SIE **LEICHT ERWÄRMT** IST.
DADURCH BLEIBT DER JOGHURT DICKFLÜSSIGER UND BEKOMMT EINE **GLEICHMÄSSIGERE KONSISTENZ**.

Erdbeer-Melisse-Drink

ZUTATEN

250 g Erdbeeren 50 g Zucker **2 EL fein gehackte Melissenblätter** 500 ml Naturjoghurt **frische Melissenblätter oder Erdbeeren zum Garnieren**

ZUBEREITUNG

- Die Erdbeeren mit dem Zucker und den fein gehackten Melissenblättern vermischen.
- Den Joghurt hinzufügen und mit dem Passierstab fein pürieren.
- In Gläser füllen und mit den Erdbeeren und/oder Melissenblättern garnieren.

Nährwert pro 100 g

Brennwert	80 kcal	Kohlenhydrate	10 g
Fett	3 g	Eiweiß	2 g

Apfel-Zimt-Shake

ZUTATEN

300 g Apfelmus 100 g Zucker **½ TL Zimt**
500 ml Naturjoghurt

ZUBEREITUNG

- Das Apfelmus mit dem Zucker und Zimt gut verrühren.
- Die Masse in den gut gekühlten Joghurt rühren und 30 Minuten im Kühlschrank kühl stellen.
- Die fertige Masse in Gläser füllen und mit einer Prise Zimt bestreuen.

Nährwert pro 100 g

Brennwert	100 kcal
Fett	1 g
Kohlenhydrate	18 g
Eiweiß	2 g

Karotten-Ingwer-Drink

ZUTATEN

500 ml Naturjoghurt 250 ml frisch gepresster Karottensaft **50 g Zucker**
10 g Salz **50 g Karotten, fein geraspelt** 1 Pr. Ingwer

ZUBEREITUNG

- Joghurt, Karottensaft, Zucker und Salz mit dem Schneebesen vermischen. Mit Zucker und Salz abschmecken.
- Geraspelte Karotten und Ingwer zufügen.
- Die Mischung in vorbereitete Gläser füllen und gut gekühlt servieren.

Nährwert pro 100 g

Brennwert . . . 70 kcal	Kohlenhydrate . . . 10 g
Fett . . . 2 g	Eiweiß . . . 2 g

Kefir

ZUTATEN

2 l Vollmilch
3 EL Kefirkultur (= ein Pilz in Form von erbsen- bis walnussgroßen festen Knollen, erhältlich im Naturkostladen)

ZUBEREITUNG

- Die Milch in einem Topf auf 85 bis 90 Grad erwärmen, anschließend im Wasserbad auf 22 bis 25 Grad abkühlen. Den Kefirpilz unter die abgekühlte Milch mischen.
- Diese Milchmischung bei 21 Grad Raumtemperatur circa 24 Stunden reifen lassen. Danach den Kefirpilz abseihen und gut mit Wasser reinigen. Das fertige Kefirgetränk bis zum Genießen im Kühlschrank aufbewahren.

Der Kefirpilz kann bei guter Pflege (Spülung mit Wasser) immer wieder verwendet werden. Er wächst auch immer weiter und kann sehr gut geteilt werden.

Nährwert pro 100 g

Brennwert	100 kcal	Kohlenhydrate	18 g
Fett	1 g	Eiweiß	2 g

DER KEFIRPILZ KANN, IN MILCH EINGELEGT, GUT VERSCHLOSSEN **EINGEFROREN** WERDEN.

Foto © Miguel Dieterich

KAPITEL DREI

Topfen

und Frischkäse

Sauermilchtopfen

ZUTATEN

2 l Vollmilch 50 ml Buttermilch

ZUBEREITUNG

- Die Milch auf 90 Grad erhitzen und 10 Minuten bei dieser Temperatur heiß halten. Danach auf 20 bis 22 Grad abkühlen.
- Die Buttermilch in die abgekühlte Milch einrühren. Das Milchgemisch in einem warmen Raum (circa 22 Grad) etwa 20 Stunden ruhen lassen.
- Die gesäuerte Milch in einem Topf auf circa 40 Grad erwärmen und bei dieser Temperatur 30 Minuten warm halten.
- Die Masse in ein über einen Topf gespanntes Leinentuch oder feines Sieb leeren. Gut abtropfen lassen.
- Die fertige Topfenmasse in Becher füllen. Im Kühlschrank auf maximal 6 Grad herunterkühlen und lagern.

Topfen und Frischkäse ...

- werden aus pasteurisierter Milch hergestellt, die mithilfe von Lab oder Säure dickgelegt wurde. Die Molke wird abgeschieden beziehungsweise ausgepresst.
- sind sehr vielseitig verwendbare Produkte in der Küche.
- Der Fettgehalt ist abhängig vom Ausgangsprodukt.
- Frischkäse unterliegt keinem Reifeprozess, ist mild säuerlich und kann mit Salz sowie Gewürzen und Kräutern verfeinert werden.

Nährwert pro 100 g

Brennwert	90 kcal	Kohlenhydrate	6 g
Fett	3 g	Eiweiß	4 g

DEN FERTIGEN TOPFEN **RASCH ABKÜHLEN**, DAMIT EIN MÖGLICHER **HEFEBEFALL VERMIEDEN** WIRD. DIESER TOPFEN EIGNET SICH HERVORRAGEND FÜR **STRUDEL UND DEFTIGE TOPFENSPEISEN**.

Kochkäse

ZUTATEN

1 kg Sauermilchtopfen, gut entwässert 100 g Butter **10 g Salz** 10 g Kümmel

ZUBEREITUNG

- Den Topfen zerbröseln und in einer großen weiten Schüssel circa 3 Zentimeter hoch verteilen. Mit einem Tuch gut abdecken und in einem warmen Raum (21 bis 24 Grad) reifen lassen. Täglich die gesamte Masse gut durchrühren (wichtig für gleichmäßige Reifung). Nach drei bis vier Tagen ist die Masse durchgereift, der Topfen ist schön glasig und riecht sehr intensiv.

- Die Butter in einer Pfanne zerlassen und die gereifte Topfenmasse in die Pfanne geben, mit Salz und Kümmel würzen.

- Die gewürzte Käsemasse bei mäßiger Hitze erwärmen und dabei ständig rühren, bis die Masse sämig ist. Kurz aufkochen lassen und dann sofort in kalt ausgespülte Formen füllen.

- Nach dem Abkühlen aus den Formen nehmen und im Kühlschrank aufbewahren.

Nährwert pro 100 g

Brennwert	80 kcal	Kohlenhydrate	6 g
Fett	5 g	Eiweiß	4 g

ZUR GESCHMOLZENEN KÄSEMASSE EINE HANDVOLL **TROCKENEN BRÖSELTOPFEN** ZUFÜGEN. DAS ERGIBT EIN **SCHÖNES SCHNITTBILD** MIT WEISSEN TOPFENPUNKTEN.

Foto © Miguel Dieterich

Topfen aus Vollmilch mit Lab

ZUTATEN

(für ca. 450 g Topfen)

2 l Vollmilch 50 ml Buttermilch **2 Tropfen Flüssiglab** 50 ml Wasser

ZUBEREITUNG

- Die Milch auf 22 Grad erwärmen.
- Die Buttermilch in die erwärmte Milch einrühren und 30 Minuten ruhen lassen.
- Das Lab mit dem Wasser verdünnen und untermengen.
- Das Milchgemisch bei circa 20 Grad zugedeckt 18 Stunden stehen lassen.
- Den entstandenen Topfen in ein Sieb schöpfen und mit einer kleinen Schüssel beschweren, damit die Molke besser abläuft. Anschließend den Topfen gut durchmischen.
- Im Kühlschrank auf circa 6 Grad kühlen und lagern.

Nährwert pro 100 g

Brennwert	80 kcal
Fett	5 g
Kohlenhydrate	6 g
Eiweiß	4 g

Kürbiskernrolle

ZUTATEN

500 g Topfen Kräutersalz **80 g Kürbiskerne, fein gerieben** 1 EL Kürbiskernöl **½ TL gemahlener Kümmel** 2 Knoblauchzehen, fein gehackt

ZUBEREITUNG

- Den Topfen mit dem Kräutersalz würzen und halbieren.
- Zu einer Hälfte die geriebenen Kürbiskerne, das Kürbiskernöl, den Kümmel und den Knoblauch beifügen und gut verrühren. Beide Topfenmassen kalt stellen.
- Die helle Topfenmasse circa einen ¾ Zentimeter gleichmäßig dick zu einem Quadrat auf ein Backpapier streichen. Kurz einfrieren, damit die Oberfläche ein wenig fest wird.
- Die grüne Topfenmasse gleichmäßig über die helle Masse streichen. Nochmals kurz frieren, bis die Oberfläche sehr kalt ist.
- Danach einrollen, mit dem Papier umwickeln und nochmals gut kühlen.
- Zur Lagerung in Frischhaltefolie einrollen.

Nährwert pro 100 g

Brennwert	180 kcal
Fett	12 g
Kohlenhydrate	5 g
Eiweiß	12 g

Paprikadiagonale

ZUTATEN

10 ml Sonnenblumenöl 100 g gelbe Zwiebeln, fein gewürfelt **1 rote Paprika, fein gewürfelt** 20 g Paprikapulver, edelsüß **500 g Topfen** Kräutersalz

ZUBEREITUNG

- Das Öl in einer Pfanne erhitzen. Zwiebel- und Paprikawürfel darin zugedeckt dünsten, bis das Gemüse weich ist. Auskühlen lassen, dann sehr fein pürieren. Das Paprikapulver unterrühren.
- Den Topfen mit Kräutersalz pikant würzen und halbieren.
- Zu einer Hälfte die ausgekühlte Paprikamasse beifügen und gleichmäßig verrühren.
- Eine quadratische Terrinenform mit Wasser ausspülen und mit Frischhaltefolie auslegen.
- Die Form schräg stellen und die weiße Topfenmasse zur Hälfte als Dreieck hineinstreichen. Mit einer Teigkarte eine schöne und gerade Fläche ziehen, die dann im fertigen Produkt eine Diagonale bildet.
- In das zweite Dreieck der Form die Paprika-Topfen-Masse einfüllen und gleichmäßig verteilen.
- Die restliche Frischhaltefolie der ausgelegten Form über die Frischkäsemassen schließen und für zwei Stunden gut kühlen.
- Vor dem Verzehr die Folie an der Oberfläche öffnen und die Topfenmasse auf ein langes Schneidbrett stürzen. Form und Folie abziehen. Die Paprikadiagonale in Scheiben geschnitten anrichten.

Nährwert pro 100 g

Brennwert	90 kcal	Kohlenhydrate	4 g
Fett	5 g	Eiweiß	8 g

DIESE ART DER ZUBEREITUNG IST **SEHR SCHMÜCKEND FÜR EIN KÄSEBÜFETT** ODER EINE KÄSEPLATTE. ALS WEITERE VARIANTE KANN EINE SCHNITTE DER PAPRIKADIAGONALE **EINEN VORSPEISENTELLER BEREICHERN**.

Currydreieck

ZUTATEN

500 g Topfen 100 g Sauerrahm **Kräutersalz** 20 g Curry **10 g Kurkuma**

ZUBEREITUNG

- Topfen, Sauerrahm und Kräutersalz gut verrühren.
- Die Masse halbieren. In eine Hälfte Curry und Kurkuma gleichmäßig einrühren.
- Frischhaltefolie auf der Arbeitsfläche auslegen. Die weiße Masse in der doppelten Wandhöhe einer Terrinenform glatt aufstreichen.
- Danach in die Terrinenform legen, sodass die Topfenmasse in die Spitze der Form reicht.
- Die Currymasse mit einem Spritzbeutel gleichmäßig in die Form dressieren. Die Oberfläche glatt streichen und mit Frischhaltefolie abdecken. Mindestens zwei Stunden im Kühlschrank durchkühlen lassen. Vor dem Servieren aus der Form stürzen und für die gewünschte Verwendung in Stücke schneiden.

Nährwert pro 100 g

Brennwert	60 kcal	Kohlenhydrate	4 g
Fett	5 g	Eiweiß	9 g

FALLS KEINE TERRINENFORMEN ZUR HAND SIND,
KÖNNEN AUCH **EINFACHE BACKFORMEN** VERWENDET WERDEN.

Foto © Miguel Dieterich

Wildkräuterquadrate

ZUTATEN

70 g Wildkräuter (z. B. Brennnessel, Taubnessel, Erdholler, Gundelrebe)
500 g Topfen **100 g Sauerrahm** Kräutersalz **weißer Pfeffer** 3 Knoblauchzehen

ZUBEREITUNG

- Die Wildkräuter fein hacken und mit den restlichen Zutaten gut verrühren.
- Eine Kastenform ausspülen und mit Frischhaltefolie auslegen. Die Kräutertopfenmasse einfüllen und glatt streichen. Mit Folie abdecken und gut zwei Stunden kalt stellen.
- Den Kräutertopfen aus der Form stürzen und die Folie abziehen. In gleichmäßige Quadrate schneiden und mit Wildkräutern anrichten.

Nährwert pro 100 g

Brennwert	100 kcal	Kohlenhydrate	4 g
Fett	5 g	Eiweiß	9 g

MIT FRISCHEM **VOLLKORNBROT** ERGIBT DIESER KRÄUTERTOPFEN EINE **KÖSTLICHE BROTZEIT**.

Räucherlachsforellentopfen

ZUTATEN

500 g Topfen 100 g Sauerrahm **10 g Kräutersalz** 1 TL Estragonsenf **20 g Kren, gerieben** Schnittlauch **200 g Räucherlachsforelle, geschnitten** 6 Frühlingszwiebeln

ZUBEREITUNG

- Topfen und Sauerrahm mit Kräutersalz, Estragonsenf und Kren gut vermengen.
- Eine Terrinenform mit Wasser ausspülen.
- Frischhaltefolie in der doppelten Größe des Terrinenformbodens auf der Arbeitsfläche auslegen.
- Schnittlauch gegebenenfalls in die Länge der Form schneiden und in die Mitte der Frischhaltefolie legen. Die Lachsforellenscheiben leicht überlappend darüberlegen. Die Topfenmasse aufstreichen, die Frühlingszwiebeln auflegen und leicht in die Masse drücken.
- Mit der Frischhaltefolie hochheben und in die Form legen. Mit der überhängenden Folie abdecken und die Oberfläche glatt streichen. Gut zwei Stunden kalt stellen.
- Vor dem Servieren stürzen, die Folie abziehen und in Stücke schneiden.

Nährwert pro 100 g

Brennwert	100 kcal
Fett	4 g
Kohlenhydrate	4 g
Eiweiß	11 g

EINE KÖSTLICHKEIT FÜR EINE **HÜBSCHE VORSPEISE** MIT FRISCHEM BLATTSALAT.

Käsebällchen in Olivenöl

ZUTATEN

250 g Topfen 10 g Salz **200 ml Olivenöl**
1 EL getrocknete Kräuter nach Geschmack

ZUBEREITUNG

- Den Topfen mit dem Salz gut vermischen. Mit einem kleinen Löffel Bällchen mit einem Durchmesser von circa 2 Zentimetern formen.

- Die Käsebällchen mit den Kräutern und Öl in verschließbare Gläser einfüllen.

Foto © Miguel Dieterich

Nährwert pro 100 g

Brennwert	240 kcal	Kohlenhydrate	4 g
Fett	20 g	Eiweiß	11 g

DIE BÄLLCHEN MÜSSEN **MIT ÖL BEDECKT** SEIN.

Preiselbeerbällchen

ZUTATEN

200 g Topfen 10 g Salz **50 g Preiselbeermarmelade** 100 g Preiselbeerkompott

ZUBEREITUNG

- Den Topfen mit Salz würzen.
- Mit einem Löffel Bällchen à 20 Gramm formen.
- Die Bällchen in der Mitte auseinanderdrücken und mit je 5 Gramm Preiselbeermarmelade füllen.
- Die Bällchen wieder verschließen und in Preiselbeerkompott einlegen.
- Bis zum Verzehr im Kühlschrank aufbewahren.

Nährwert pro 100 g

Brennwert	130 kcal
Fett	3 g
Kohlenhydrate	20 g
Eiweiß	6 g

DIESE KLEINEN KÖSTLICHKEITEN SIND EINE HERVORRAGENDE BEILAGE ZU **KALTEN WILDSPEISEN**, BESONDERS ZU WILDSCHINKEN.

Fotos © Miguel Dieterich

Blütenblätterroulade

ZUTATEN

500 g Topfen Kräutersalz
50 g getrocknete Blütenblätter (Ringelblumen, Kornblumen, Rosen, Pfingstrosen)

ZUBEREITUNG

- Den Topfen mit Kräutersalz würzen und kalt stellen.
- Die Topfenmasse 1,5 cm dick gleichmäßig zu einem Quadrat auf ein Backpapier streichen. Die Blütenblätter daraufstreuen.
- Kurz einfrieren, damit die Oberfläche ein wenig fest wird. Danach einrollen, mit dem Papier umwickeln und nochmals gut kühlen.
- Zur Lagerung in Frischhaltefolie einrollen.

Nährwert pro 100 g

Brennwert	90 kcal	Kohlenhydrate	4 g
Fett	4 g	Eiweiß	10 g

FÜR JEDE ROULADE NUR **EINE ART VON BLÜTEN** VERWENDEN.
DADURCH ERHÄLT MAN EINE VIELFALT VERSCHIEDEN GEFÜLLTER ROULADEN, DIE ANGERICHTET MIT DEN GETROCKNETEN BLÜTEN EINEN **BUNTEN GENUSSTELLER** BIETEN.

Topfen mit Honig und Rosinen

ZUTATEN

500 g Topfen 80 g Blütenhonig **Saft von einer ½ Zitrone** 10 g Vanillezucker **Salz** 100 g Rosinen

ZUBEREITUNG

- Den Topfen mit Honig, Zitronensaft, Vanillezucker und Salz gut verrühren. Die Rosinen unterheben.
- Eine Terrinenform mit Wasser ausspülen und mit Frischhaltefolie auslegen.
- Die vorbereitete Masse einfüllen und glatt streichen. Mit der überhängenden Folie abdecken und die Oberfläche glätten.
- Die Käsemasse gut zwei Stunden kühl stellen.
- Vor dem Servieren aus der Form stürzen und die Folie abziehen. Je nach Verwendung in passende Scheiben oder Stücke schneiden.

Nährwert pro 100 g

Brennwert	150 kcal	Kohlenhydrate	22 g
Fett	3 g	Eiweiß	8 g

EINE **SEHR GUTE ALTERNATIVE** ZU SÜSSER APFEL-KAROTTEN-ROHKOST.

Preiselbeerrolle

ZUTATEN

1 EL Öl 500 g Topfen **100 g Preiselbeerkonfitüre**

ZUBEREITUNG

- Eine halbrunde Terrinenform mit Öl bestreichen.
- Den Topfen halbieren. Eine Hälfte fein passieren (am besten mit dem Pürierstab) und auf eine Frischhaltefolie streichen, der Rundung der Terrinenform angepasst. Vorsichtig in die mit Öl bestrichene Form legen.
- Die zweite Hälfte des Topfens mit Preiselbeerkonfitüre gut vermischen. Diese Masse in die mit Topfen ausgelegte Form verteilen und mit der Folie abdecken. Die Form gut durchkühlen.
- Vor dem Servieren aus der Form nehmen und in portionsgerechte Stücke teilen.

Nährwert pro 100 g

Brennwert	140 kcal
Fett	5 g
Kohlenhydrate	14 g
Eiweiß	9 g

Hüttenkäse

ZUTATEN

(für ca. 300 g Käse)

2 l Magermilch 100 ml Buttermilch **50 ml Schlagobers**

ZUBEREITUNG

- Die Milch auf 25 Grad erwärmen und die Buttermilch unterrühren. Diese angesäuerte Milch ca. 18 Stunden bei Zimmertemperatur (21 Grad) stehen lassen.

- Den entstandenen Käsebruch (Gallerte) in sehr kleine Würfel schneiden und anschließend 30 Minuten stehen lassen.

- Die geschnittene Gallerte langsam auf 60 Grad erwärmen, dabei immer wieder sehr vorsichtig verrühren. Nach dem Erreichen der Temperatur den Bruch noch circa 15 Minuten rühren, bis die Bruchkörner die optimale Festigkeit erreicht haben.

- Die Molke abseihen und den Käsebruch zwei- bis dreimal rasch mit kaltem Wasser waschen.

- Den Bruch in einem Sieb mit Leinentuch abseihen und gut abtropfen lassen. Dieser Vorgang dauert circa zwei Stunden.

- Den fertigen Käsebruch mit dem Schlagobers vermengen und für circa vier Stunden in den Kühlschrank geben, damit er das Obers aufsaugt.

- Den Käsebruch gut durchmischen und in kleine Becher abfüllen. Bis zum Verbrauch im Kühlschrank aufbewahren.

Nährwert pro 100 g

Brennwert	120 kcal	Kohlenhydrate	3 g
Fett	6 g	Eiweiß	11,6 g

Schichtkäse

ZUTATEN

(für ca. 220 g Käse)

2 l Vollmilch 50 ml Buttermilch oder Sauermilch **8 Tropfen Flüssiglab** 50 ml Wasser

ZUBEREITUNG

- Die Milch auf 26 Grad erwärmen. Die Butter- oder Sauermilch in die erwärmte Milch einrühren und 30 Minuten ruhen lassen.
- Das Flüssiglab mit dem Wasser verdünnen und untermengen. Das Milchgemisch bei circa 20 Grad Raumtemperatur zugedeckt 18 Stunden stehen lassen.
- Die entstandene Gallerte mit einer flachen Kelle in vorbereitete gelochte Formen schöpfen. Die Formen bei Raumtemperatur (mindestens 21 Grad) auf einen Rost über einem Backblech stellen und drei- bis viermal alle drei Stunden wenden.
- Nach der Abtropfzeit den Käse mit den Formen in den Kühlschrank geben.
- Nach dem Durchkühlen aus den Formen nehmen und bis zum Verzehr verpackt im Kühlschrank lagern.

Nährwert pro 100 g

Brennwert	120 kcal	Kohlenhydrate	3 g
Fett	6 g	Eiweiß	11,6 g

FÜR EINEN FEINEN, **PIKANTEN GESCHMACK** KÖNNEN ZWISCHEN DIE EINZELNEN SCHICHTEN **GETROCKNETE KRÄUTER ODER GEWÜRZE** NACH GESCHMACK GESTREUT WERDEN.

Fotos © Miguel Dieterich

Schichtkäse mit Eberesche

ZUTATEN

2 l Vollmilch 100 ml Sauermilch oder Buttermilch **8 Tropfen Flüssiglab** 50 ml Wasser **120 g Ebereschenfruchtmus**

ZUBEREITUNG

- Die Milch auf 26 Grad erwärmen. Sauer- oder Buttermilch in die erwärmte Milch einrühren und 30 Minuten ruhen lassen.
- Das Lab mit dem Wasser verdünnen und untermengen. Das Milchgemisch bei circa 21 Grad Raumtemperatur zugedeckt 18 Stunden stehen lassen.
- Die Gallerte mit einer flachen Kelle in vorbereitete gelochte Formen schöpfen. Auf jede Schicht der Gallerte drei Esslöffel Ebereschenfruchtmus verteilen. Mit einer Schicht Gallerte abschließen.
- Die Formen bei Raumtemperatur (mindestens 21 Grad) auf einen Rost über einem Backblech stellen und drei- bis viermal alle drei Stunden wenden.
- Den Käse mit den Formen nach der Abtropfzeit in den Kühlschrank geben.
- Nach dem Durchkühlen aus den Formen nehmen und bis zum Genuss verpackt im Kühlschrank lagern.

Nährwert pro 100 g

Brennwert	80 kcal
Fett	2 g
Kohlenhydrate	8 g
Eiweiß	8 g

BESONDERS GUT EIGNEN SICH FÜR DIESE DELIKATESSE AUCH **PREISELBEERKONFITÜRE ODER HEIDELBEERFRUCHTMUS**.

Frischkäse

ZUTATEN

2 l Vollmilch 100 ml Buttermilch **4 Tropfen Flüssiglab** 100 ml Wasser

ZUBEREITUNG

- Die Vollmilch im Wasserbad auf 34 Grad erwärmen. Die Buttermilch einrühren und 30 Minuten ruhen lassen.
- Das Lab mit dem Wasser verdünnen, untermengen und 50 Minuten dicken lassen.
- Die eingedickte Milch mit einem breiten glatten Messer in circa 2 Zentimeter große Würfel schneiden. Die geschnittene Masse vorsichtig mit einem breiten Spachtel oder einer Palette circa 20 Minuten rühren.
- Anschließend die Molke ableeren und den Käsebruch in gelochte Becher füllen.
- In den ersten Stunden nach dem Abfüllen drei- bis viermal wenden, damit die Molke gut abfließen kann.
- Bei Raumtemperatur 10 bis 12 Stunden entmolken lassen. Die Zeit ist abhängig davon, wie fest der Käse sein soll.
- Den Käse nach dem Entmolken für circa eine Stunde in ein zehnprozentiges Salzbad legen.
- Anschließend den Käse auf 5 bis 7 Grad kühlen.

Nährwert pro 100 g

Brennwert	80 kcal	Kohlenhydrate	4 g
Fett	2 g	Eiweiß	12 g

Frischkäse in Kräuteröl

Foto © Miguel Dieterich

ZUTATEN

200 ml Oliven- oder Rapsöl 1 EL Küchenkräuter nach Geschmack, getrocknet
2 Stück Frischkäse à 200 g

ZUBEREITUNG

- Schraubgläser sorgfältig reinigen und gut trocknen. Das Oliven- oder Rapsöl mit den Kräutern gut vermischen und in die Gläser gießen.
- Den Frischkäse in circa 2 mal 2 Zentimeter große Würfel schneiden und zum Öl in die Gläser geben.
- Die Gläser gut verschließen und bis zum Verzehr im Kühlschrank aufbewahren.

Nährwert pro 100 g

Brennwert	160 kcal	Kohlenhydrate	4 g
Fett	11 g	Eiweiß	11 g

Foto © Miguel Dieterich

Frischkäse mit grünem Pfeffer

ZUTATEN

2 l Vollmilch 100 ml Buttermilch **4 Tropfen Flüssiglab**
100 ml Wasser **2 EL grüne Pfefferkörner**

ZUBEREITUNG

- Die Vollmilch auf 34 Grad erwärmen. Die Buttermilch einrühren und 30 Minuten ruhen lassen.
- Das Lab mit dem Wasser verdünnen, untermengen und 50 Minuten dicken lassen.
- Die eingedickte Milch mit einem breiten glatten Messer in circa 2 Zentimeter große Würfel schneiden. Die geschnittene Masse circa 20 Minuten rühren.
- Den Käsebruch mit einem Schöpfer in gelochte Käseformen füllen. Die grünen Pfefferkörner nach jedem Schöpfen auf dem Käsebruch verteilen.
- Die Formen unmittelbar nach dem Befüllen wenden, damit die Molke gut abfließen kann.
- Bei Raumtemperatur zwölf Stunden entmolken lassen. Die Zeit ist abhängig davon, wie fest der Käse sein soll.
- Den Käse nach dem Entmolken für circa eine Stunde in ein zehnprozentiges Salzbad legen.
- Den Käse aus dem Salzbad nehmen und gut abtrocknen lassen. Anschließend auf 4 bis 7 Grad kühlen.

Nährwert pro 100 g

Brennwert	80 kcal
Fett	2 g
Kohlenhydrate	4 g
Eiweiß	12 g

Frischkäse mit Paprikawürfeln

ZUTATEN

2 l Vollmilch 100 ml Buttermilch **4 Tropfen Flüssiglab**
100 ml Wasser **je 50 g rote, gelbe und grüne Paprikawürfel**

ZUBEREITUNG

- Die Vollmilch auf 34 Grad erwärmen. Die Buttermilch einrühren und 30 Minuten ruhen lassen.

- Das Lab mit dem Wasser verdünnen, untermengen und 50 Minuten dicken lassen.

- Die eingedickte Milch mit einem breiten glatten Messer in circa 2 Zentimeter große Würfel schneiden. Die geschnittene Masse vorsichtig mit einem breiten Spachtel circa 20 Minuten rühren.

- Den Käsebruch abwechselnd mit den Paprikawürfeln mit einem Schöpfer in gelochte Käseformen füllen.

- Die Formen unmittelbar nach dem Befüllen wenden, damit die Molke gut abfließen kann.

- Bei Raumtemperatur zwölf Stunden entmolken lassen. Die Zeit ist abhängig davon, wie fest der Käse sein soll.

- Den Käse nach dem Entmolken für circa eine Stunde in ein zehnprozentiges Salzbad legen.

- Den Käse aus dem Salzbad nehmen und gut abtrocknen lassen. Anschließend auf 4 bis 7 Grad kühlen.

Nährwert pro 100 g

Brennwert . . . . 273 kcal
Fett . . . . 25,5 g
Kohlenhydrate . . . . 3,3 g
Eiweiß . . . . 7 g

Frischkäse mit Schnittlauch

ZUTATEN

2 l Vollmilch 100 ml Buttermilch **4 Tropfen Flüssiglab**
100 ml Wasser **2 EL Schnittlauch, getrocknet**

ZUBEREITUNG

- Die Vollmilch im Wasserbad auf 34 Grad erwärmen. Die Buttermilch einrühren und 30 Minuten ruhen lassen.

- Das Lab mit dem Wasser verdünnen, untermengen und 50 Minuten dicken lassen.

- Die eingedickte Milch mit einem breiten glatten Messer in circa 2 Zentimeter große Würfel schneiden. Die geschnittene Masse vorsichtig circa 20 Minuten rühren.

- Den Käsebruch mit einem Schöpfer in gelochte Käseformen füllen. Etwas Schnittlauch nach jedem Schöpfen auf dem Käsebruch verteilen.

- Die Formen unmittelbar nach dem Befüllen wenden, damit die Molke gut abfließen kann.

- Bei Raumtemperatur zwölf Stunden entmolken lassen.

- Den Käse nach dem Entmolken für circa eine Stunde in ein zehnprozentiges Salzbad legen.

- Den Käse aus dem Salzbad nehmen und gut abtrocknen lassen. Anschließend auf 4 bis 7 Grad kühlen.

Nährwert pro 100 g

Brennwert	80 kcal	Kohlenhydrate	4 g
Fett	2 g	Eiweiß	12 g

FÜR DEN **SOFORTIGEN VERZEHR** KANN IN DER SOMMERZEIT AUCH **FRISCHER SCHNITTLAUCH** VERWENDET WERDEN.

Fotos © Miguel Dieterich

Foto © Miguel Dieterich

Frischkäse mit Walnüssen

ZUTATEN

2 l Vollmilch 100 ml Buttermilch **4 Tropfen Flüssiglab** 100 ml Wasser **50 g Walnüsse, geschält**

ZUBEREITUNG

- Die Vollmilch auf 34 Grad erwärmen. Die Buttermilch einrühren und 30 Minuten ruhen lassen.
- Das Lab mit dem Wasser verdünnen, untermengen und 50 Minuten dicken lassen.
- Die eingedickte Milch in circa 2 Zentimeter große Würfel schneiden. Die geschnittene Masse vorsichtig circa 20 Minuten rühren.
- Die Walnüsse kurz mit heißem Wasser überbrühen, anschließend grob hacken.
- Den Käsebruch abwechselnd mit den zerkleinerten Walnüssen mit einem Schöpfer in gelochte Käseformen füllen. Die Formen unmittelbar nach dem Befüllen wenden, damit die Molke gut abfließen kann.
- Bei Raumtemperatur zwölf Stunden entmolken lassen.
- Den Käse nach dem Entmolken für circa eine Stunde in ein zehnprozentiges Salzbad legen.
- Den Käse aus dem Salzbad nehmen und gut abtrocknen lassen. Anschließend auf 4 bis 7 Grad kühlen.

Nährwert pro 100 g

Brennwert	200 kcal
Fett	14 g
Kohlenhydrate	5 g
Eiweiß	12 g

Mozzarella

ZUTATEN

(für ca. 150 g Mozzarella)

2 l Vollmilch 100 ml Buttermilch **5 Tropfen Flüssiglab** 100 ml Wasser

ZUBEREITUNG

- Die Vollmilch im Wasserbad auf 34 Grad erwärmen. Die Buttermilch einrühren und 30 Minuten ruhen lassen.
- Das Lab mit 100 Millilitern Wasser verdünnen, untermengen und 50 Minuten eindicken lassen.
- Die Gallerte in 5 Zentimeter große Würfel schneiden und den Käsebruch vorsichtig rühren.
- 1 Liter Wasser auf 30 Grad erwärmen und der Käsebruchmasse beimengen. Diese Masse langsam auf 38 Grad erwärmen, dabei immer wieder circa 10 Minuten vorsichtig rühren.
- Den weichen Käsebruch in mit Tüchern ausgelegte Siebe gießen, die Molke auffangen und bis zur weiteren Verwendung kühl lagern.
- Aus dem Käsebruch Kugeln mit circa 5 Zentimetern Durchmesser formen. Die Molke so gut es geht mit der Hand herausdrücken.
- Die fertig geformten Kugeln drei Sekunden in die erhitzte Molke tauchen (nicht über 70 Grad!).
- Die Käsekugeln in dem restlichen, leicht gesalzenen Wasser einlegen und kühl lagern.

Nährwert pro 100 g

Brennwert	250 kcal
Fett	20 g
Kohlenhydrate	0 g
Eiweiß	19 g

KAPITEL VIER

Weich- und Hartkäse

Weichkäse ...

- Gereifter Frischkäse wird nach dem Entmolken in eine Salzlösung gegeben.
- Die weitere Be- und Verarbeitung ist abhängig vom gewünschten Endprodukt.
- Die Reifung der verschiedenen Käse erfolgt von außen nach innen, z. B. Käse nach Camembert-Art, Blauschimmelkäse ...

Hartkäse ...

- wird mit höherer Temperatur als alle anderen Käse bearbeitet.
- braucht in der Herstellung wesentlich mehr Zeit als alle anderen Käsearten.
- Reifezeit zwischen 3 und 36 Monate.
- hat einen sehr geringen Wassergehalt.
- erfordert in der Zubereitung sehr viel Sorgfalt und Pflege (Hygiene!).

Weichkäse

ZUTATEN

(für ca. 200 g Käse)

2 l Vollmilch 100 ml Buttermilch **2 Tropfen Flüssiglab** 100 ml Wasser

ZUBEREITUNG

- Die Vollmilch auf 33 bis 36 Grad erhitzen. Die Buttermilch hinzufügen und die Milch bei 32 Grad bis zu 30 Minuten bebrüten.
- Danach wird der Milch das mit Wasser verdünnte Lab zugefügt. Die Milch dann sofort stilllegen, das heißt mit einer Teigkarte in der Bewegung bremsen, damit sie ruhig steht, und circa 60 Minuten nachdicken lassen.
- Vor dem Schneiden der Gallerte mit einem scharfen Messer die Schnittprobe machen. Wenn die dabei austretende Molke klar ist, dann ist die Gallerte in der richtigen Konsistenz und wird in kleine Würfel (circa 2 Zentimeter Kantenlänge) geschnitten.
- Den geschnittenen Käsebruch circa 15 Minuten nachdicken und entmolken lassen.
- Den Käsebruch vorsichtig und zuerst ständig mit einer Teigkarte rühren, damit eine gleichmäßige Entmolkung erfolgt. Dann alle 5 bis 10 Minuten immer wieder kurz bewegen. Diese Entmolkung ist nach ungefähr 20 bis 30 Minuten fertig.
- Den Käsebruch waschen (das heißt Molke abgießen und mit der gleichen Menge an Wasser auffüllen) und in vorbereitete Käseformen füllen. Die Formen nach dem Befüllen sofort wenden, damit der Käse eine gleichmäßige Form bekommt.
- Die Formen mit dem Käse in immer größer werdenden Abständen wenden (von 20 Minuten bis 4 Stunden), bis der Käse vollständig entmolkt ist.
- Den fertigen Käse nach der Entmolkung und Durchsäuerung (circa 24 Stunden) aus den Formen nehmen und je nach gewünschtem Endprodukt weiterbehandeln.

Nährwert pro 100 g

Brennwert	210 kcal	Kohlenhydrate	0 g
Fett	13 g	Eiweiß	23 g

BEIM ENTMOLKEN AUF DIE **TEMPERATUR DER UMGEBUNG** (ZIMMERTEMPERATUR, 21 GRAD) ACHTEN! SONST ENTMOLKT DER KÄSE NUR UNGENÜGEND (DAS HEISST, ER VERKÜHLT SICH) UND IST **NICHT GUT HALTBAR**.

Foto © Miguel Dieterich

Weichkäse in Öl

ZUTATEN

2 Stück Weichkäse à 200 g getrocknete Kräuter nach Geschmack
ca. 300 ml Maiskeimöl oder Sonnenblumenöl

ZUBEREITUNG

- Die gut abgetrockneten Käsestücke (nach dem Salzbad dauert dies circa einen Tag) in 2 Zentimeter große Würfel schneiden.

- Die Kräuter locker in Gläser legen, die Käsewürfel dazugeben und mit Öl übergießen. Die Gläser möglichst vollständig mit Öl befüllen, um Lufteinschlüsse zu vermeiden.

- Die fertig gefüllten Gläser im Kühlschrank lagern.

Variante in Salzlake

- Den Käse im Ganzen in ein Glas oder einen Becher mit Salzlake legen. Die Salzlake (maximal 5 Prozent Salzgehalt) muss den Käse vollständig bedecken. Den eingelegten Käse im Kühlschrank lagern.

Nährwert pro 100 g

Brennwert	275 kcal	Kohlenhydrate	0 g
Fett	20 g	Eiweiß	23 g

Weichkäse in Brennnesselblättern

ZUTATEN

1 Handvoll frische Brennnesselblätter 2 Stück Weichkäse à 200 g **ca. 1 m Bindfaden aus Flachs oder Hanf**

ZUBEREITUNG

- Die Brennnesselblätter waschen und kurz mit kochend heißem Wasser überbrühen. Anschließend sofort in Eiswasser legen, damit die schöne grüne Farbe erhalten bleibt.

- Den Käse mit den abgekühlten Blättern gut einwickeln. Die Brennnesselblätter mit dem Bindfaden umwickeln.

- Die Käsepäckchen auf ein Gitter geben und bis zum Verzehr im Kühlschrank lagern.

Nährwert pro 100 g

Brennwert	210 kcal	Kohlenhydrate	0 g
Fett	13 g	Eiweiß	23 g

NEBEN BRENNNESSELBLÄTTERN EIGNEN SICH AUCH **WEINBLÄTTER, SPINATBLÄTTER** SOWIE BLÄTTER VOM **GIERSCH** UND **GUTEN HEINRICH** (WILDER SPINAT).

Schnittkäse …

- wird in den ersten Schritten wie Weichkäse bearbeitet.
- Etwas höhere Temperatur beim Entmolken des Käsebruchs notwendig.
- Etwas längere Bearbeitung wie Weichkäse – Wenden und Entmolken erfordern mehr Zeitaufwand.
- Größerer Käsebruch.
- Käsebruch wird nach dem Abzug der Molke gewaschen und nachgewärmt – dadurch wird der Käse fester.
- Endbearbeitung abhängig vom gewünschten Produkt.

DURCH DAS **NACHWÄRMEN** DES BRUCHES UND DEN **ZUSATZ VON WASSER** ERREICHT MAN EINEN KOMPAKTEN UND GESCHMEIDIGEN KÄSETEIG. DAS AUSPRESSEN BEWIRKT EINE **GLEICHMÄSSIGE LOCHUNG**.

Schnittkäse

ZUTATEN

(für ca. 350 g Käse)

4 l Vollmilch 100 ml Buttermilch **6 Tropfen Flüssiglab** 100 ml Wasser

ZUBEREITUNG

- Die Vollmilch in einem Topf auf 36 bis 38 Grad erhitzen. Die Buttermilch in die erwärmte Milch einrühren und bei 32 Grad 20 bis 30 Minuten bebrüten.
- Nach dieser Inkubationszeit das Lab mit dem Wasser verdünnen und in die gesäuerte Milch mischen. Die Milch dann sofort stilllegen und 40 bis 50 Minuten nachdicken lassen.
- Vor dem Schneiden der Gallerte mit einem scharfen Messer die Schnittprobe machen. Wenn die austretende Molke klar ist, hat die Gallerte die richtige Konsistenz und wird vorerst in kleine Würfel (circa 2 Zentimeter Kantenlänge) geschnitten. Kurz stehen lassen und bis zu Erbsenkorngröße zerkleinern. Den Käsebruch circa 15 Minuten nachdicken lassen.
- Wasser (bis zu einem Drittel der Molkemenge) zusetzen und den Bruch noch circa 10 bis 30 Minuten auskäsen lassen.
- Vor dem Abgießen der Molke die Masse nochmals auf 30 bis 40 Grad erwärmen.
- Den entstandenen Käsebruch in vorbereitete Käseformen füllen, sofort wenden und beschweren, damit die Molke vollständig austreten kann. Die Formen sechs- bis achtmal wenden, um eine gleichmäßige Entmolkung und glatte Oberfläche zu erzielen. Für das Entmolken und Durchsäuern sind bei Raumtemperatur 16 bis 20 Stunden einzurechnen.
- Nach dem Entmolken wird der Käse mit Grobsalz eingerieben oder in eine Salzlösung (1 Liter Wasser mit 100 bis 200 Gramm Salz vermischt, 10 bis 20 Grad) eingelegt. Die Dauer ist je nach Stückgröße, Festigkeit und gewünschtem Salzgehalt unterschiedlich.
- Nach dem Salzbad den Käse an der Oberfläche abtrocknen lassen und zum Beispiel in Öl oder Salzlake einlegen oder mit Paraffin überziehen.

Nährwert pro 100 g

Brennwert	260 kcal	Kohlenhydrate	0 g
Fett	16 g	Eiweiß	27 g

Sauermilchkäse/regionale Spezialitäten ...

- werden meist aus gesäuerter Rohmilch hergestellt.
- Zum Teil bedarf es längerer Reifungszeiten des Topfens für die Weiterverarbeitung.
- Anleitungen für die verschiedenen Produkte sind regional sehr unterschiedlich, genaue Rezepturen sind direkt bei den Produzenten zu erforschen.

Foto © Udo Bernhart

DER TYPISCHE ENNSTALER STEIRERKAS WIRD VOR ALLEM **AUF DEN ALMEN** ERZEUGT. NEBEN DER SCHMACKHAFTEN ALMBUTTER ERFREUT SICH DIESER KÄSE BESONDERER BELIEBTHEIT. DIESE MARKANTE, **DEFTIG-WÜRZIGE KÄSESPEZIALITÄT** WIRD AUF BUTTERBROT GEBRÖSELT GEGESSEN, IN DEN TYPISCHEN **„ENNSTALER STEIRERKRAPFEN“** (IN SEHR HEISSEM FETT GEBACKENE ROGGENKRAPFEN) EINGEWICKELT UND VERZEHRT ODER AUF GERÖSTETE SPÄTZLE GESTREUT, DIE MIT KRAUTSALAT SERVIERT WERDEN UND ALS **„KASNOCKERLN“** – EINE BESONDERE ENNSTALER SPEZIALITÄT – AUF KEINER SPEISEKARTE FEHLEN SOLLTEN.

Ennstaler Steirerkas –

eine besondere regionale Spezialität des oberen Ennstals in der Steiermark/Österreich

ZUTATEN

(für ca. 1 kg Käse)

10 l Vollmilch 50 g Salz **1 EL Pfeffer**

ZUBEREITUNG

- Die Milch mit einer Milchzentrifuge entrahmen und die verbleibende Magermilch stehen lassen, bis sie dickgelegt ist.
- Diese Sauermilch kurz erwärmen, bis der Topfen aufsteigt und sich von der Molke trennt.
- Die Molke abgießen und den Topfen nochmals aufkochen.
- Ein großes weites Sieb mit Käseleinen (kochfestes, fein gewebtes Tuch aus reiner Baumwolle oder Leinen) oder mit einem sauberen Leinentuch auslegen, den heißen Topfen hineinschütten und mit kaltem Wasser abschrecken, bis er nur noch handwarm ist.
- Den Topfen gut durchdrücken, mit Salz und Pfeffer verbröseln und in eine Form (kleiner Kübel mit Löchern im Boden) pressen. Über Nacht gut mit einem Stein beschweren und am nächsten Tag herausstürzen.
- Den Käse warm stellen – am besten eignet sich ein trockener Platz auf einem Regal in der Küche –, bis er Sprünge zeigt. Danach in den Vorratskeller stellen und vier bis sechs Wochen täglich wenden, bis er schön reif ist und eine graubraune Farbe bekommt.

Nährwert pro 100 g

Brennwert	380 kcal
Fett	30 g
Kohlenhydrate	0 g
Eiweiß	29 g

KAPITEL FÜNF

Butter und Buttermilch

Butter ...

- wird aus Süß- oder Sauerrahm hergestellt.
- Sie eignet sich besonders gut für Brotaufstrich, aber auch für die Herstellung von sämtlichen Speisen, die eine Fettzugabe erfordern.

Süßrahmbutter

ZUTATEN

(für ca. 280 g Butter)

1 l Schlagobers

ZUBEREITUNG

- Das gekühlte Schlagobers auf circa 14 Grad erwärmen. Das leicht erwärmte Schlagobers mit einem Handrührgerät in der Schüssel schlagen, bis sich erbsengroße Butterkörner, das Butterkorn, von der Buttermilch trennen.

- Die Buttermilch vorsichtig in einen Topf abseihen und kühl stellen. Die Butter ein- bis zweimal mit sehr kaltem Wasser waschen, das Wasser immer wieder abseihen.

- Anschließend die Butterkörner langsam mit den Knethaken des Handrührgeräts oder der Küchenmaschine kneten, damit das restliche Wasser austreten kann. Das Restwasser abgießen und die Butter rasch fertig kneten.

- Die fertige Butter mithilfe eines Buttermodels formen. Die geformte Butter vorsichtig aus der Form lösen, verpacken und im Kühlschrank bis zum Verzehr aufbewahren.

Tipp: Das ist eine gute Möglichkeit, überschlagenes oder zeitweise ungekühltes Schlagobers zu Butter zu verarbeiten bzw. zu verwerten.

Nährwert pro 100 g

Brennwert	741 kcal
Fett	83,2 g
Kohlenhydrate	1 g
Eiweiß	1 g

DIE BEI DER BUTTERHERSTELLUNG ABGELASSENE BUTTERMILCH IN **GUT VERSCHLIESSBARE GLÄSER** ODER BECHER FÜLLEN. IM KÜHLSCHRANK BIS ZUR WEITERVERWENDUNG (REZEPTIDEEN AB SEITE 100) AUFBEWAHREN.

BUTTER WIRD MEIST AUS SÜSSRAHM HERGESTELLT. SÜSSRAHMBUTTER IST **BESONDERS MILD**, WÄHREND SAUERRAHMBUTTER EINEN SÄUERLICH AROMATISCHEN EIGENGESCHMACK HAT.

Sauerrahmbutter

ZUTATEN

(für ca. 350 g Butter)

1 l Schlagobers 250 ml Sauerrahm

ZUBEREITUNG

- Das Schlagobers mit dem Sauerrahm vermischen und circa 18 Stunden bei Zimmertemperatur (21 Grad) durchsäuern lassen.
- Ein Butterfass füllen und gleichmäßig bis zum Entstehen des Butterkorns rühren.
- Die Buttermilch in ein Gefäß abfließen lassen und das Fass mit der gleichen Menge an kaltem Wasser auffüllen.
- Das Butterfass wieder schließen und unter Rühren die Butter „waschen". Danach das Wasser immer wieder abfließen lassen, bis das Wasser ganz klar ist.
- Die Butter herausnehmen, das restliche Wasser rasch mit den Händen herauskneten, die Butter mit den Händen formen oder in kalt ausgespülte Buttermodeln füllen.
- Die geformte Butter kalt stellen oder in ein Gefäß mit eiskaltem Wasser legen.
- Nach 30 Minuten die Buttermodeln herausnehmen und die Butter vorsichtig aus der Form lösen.
- Sofort verpacken und gekühlt lagern.

Nährwert pro 100 g

Brennwert 740 kcal	Kohlenhydrate 0,6 g
Fett 82 g	Eiweiß 0,6 g

DIE HERSTELLUNG VON BUTTER AUS SAUERRAHM KANN AUCH MIT DEN **QUIRLEN EINES HANDRÜHRGERÄTS** ERFOLGEN, WENN MAN NUR EINE KLEINE MENGE BUTTER HERSTELLEN WILL. **BEREITS AUS 100 MILLILITERN RAHM** KANN MAN BUTTER SELBST HERSTELLEN – DANN NIMMT MAN AM BESTEN EIN GLAS MIT SCHRAUBDECKEL UND SCHÜTTELT DAS SCHLAGOBERS SO LANGE, BIS SICH DIE BUTTER BILDET.

Foto © Miguel Dieterich

Currygewürz-Butterrolle

ZUTATEN

250 g Sauerrahmbutter 10 g Salz **1 TL Currygewürzmischung** ½ TL Kurkuma

ZUBEREITUNG

- Die Butter mit Salz, Currygewürz und Kurkuma gut durchkneten. Diese Mischung zwischen einer Frischhaltefolie zu einem Rechteck ausrollen.
- Anschließend straff einrollen und die Butterrolle im Kühlschrank kalt stellen. Zum Gebrauch in dünne Scheiben schneiden.

Fotos © Miguel Dieterich

Nährwert pro 100 g

Brennwert	563 kcal	Kohlenhydrate	3,6 g
Fett	60 g	Eiweiß	1,2 g

GETROCKNETEN **SCHNITTLAUCH** AUF DIE AUSGEROLLTE BUTTER STREUEN, DIESEN LEICHT ANDRÜCKEN UND DANN EINROLLEN. SCHNITTLAUCH IST GESCHMACKLICH EINE DELIKATE ERGÄNZUNG.

Gerollte Rosenblütenbutter

ZUTATEN

250 g Süßrahmbutter 10 g Salz **10 g getrocknete oder frische Rosenblütenblätter** 20 g getrocknete oder frische Salbeiblätter

ZUBEREITUNG

- Einen geschmeidigen, nicht zu weichen Butterwürfel zwischen einer Frischhaltefolie zu einem circa 1 Zentimeter dicken Viereck ausrollen.
- Die Folie von der Oberfläche abziehen.
- Die Butter leicht salzen und mit Rosenblättern und Salbeiblättern belegen, dabei darauf achten, dass die Blätter nicht übereinanderliegen und gut gleichmäßig verteilt sind.
- Die Blätter leicht andrücken.
- Die Butter mit der Folie zu einer dünnen Rolle eindrehen und kalt stellen. Zum Gebrauch in dünne Scheiben schneiden.

Nährwert pro 100 g

Brennwert	578 kcal	Kohlenhydrate	3,3 g
Fett	62 g	Eiweiß	1,2 g

DIE ROSENBLÜTENBUTTER LÄSST SICH SEHR GUT **EINFRIEREN**.

Foto © Miguel Dieterich

Bunte Blütenbutter

ZUTATEN

250 g Süßrahmbutter 10 g Kräutersalz
100 g essbare Blüten (z. B. von Löwenzahn, Ringelblume, Veilchen, Himmelschlüssel, Salbei, Rotklee, Kornblume, Ackerstiefmütterchen, Gundelrebe)

ZUBEREITUNG

- Einen geschmeidigen, nicht zu weichen Butterwürfel zwischen einer Frischhaltefolie zu einem circa 1 Zentimeter dicken Viereck ausrollen.
- Die Folie von der Oberfläche abziehen.
- Die Butter leicht salzen und mit den verschiedenen Blütenblättern schichtweise belegen; dabei darauf achten, dass die Blätter nicht übereinanderliegen. Die Blätter leicht andrücken.
- Die Butter mit der Folie zu einer dünnen Rolle eindrehen und kalt stellen. Zum Gebrauch in dünne Scheiben schneiden.

Nährwert pro 100 g

Brennwert	578 kcal
Fett	62 g
Kohlenhydrate	3,3 g
Eiweiß	1,2 g

DIE BLÜTEN KÖNNEN AUCH IN DIE BUTTER **HINEINGEKNETET** WERDEN.

IM HANDEL GIBT ES HÜBSCHE KLEINE **BUTTERFORMER** ZUM HERSTELLEN BESONDERS DEKORATIVER FORMEN.

VARIATION KRÄUTERBLÜTENBUTTER:
ANSTELLE DER ESSBAREN BLÜTEN KANN MAN JE 10 GRAMM **GETROCKNETE BLÜTENBLÄTTER** UND GETROCKNETE ODER FRISCHE **SALBEIBLÄTTER** VERWENDEN.

Grillbuttervariationen

ZUTATEN

250 g Süßrahmbutter Salz nach Geschmack **Curry, Currykraut und Petersilie**
Paprika, Schnittlauch, Oregano
gemischte Kräuter wie z. B. Basilikum, Majoran, Bergbohnenkraut, Schnittlauch, Ysop, Salbei

ZUBEREITUNG

- Die Butter mit dem Salz in einem Mixer aufschlagen und in drei Portionen teilen.
- Die Kräuter einzeln fein hacken.
- Die Zutaten für die verschiedenen Variationen jeweils unter ein Drittel der Butter kneten.
- Mit dem Spritzbeutel auf eine Platte dressieren und bis kurz vor dem Servieren einfrieren.

Nährwert pro 100 g

Brennwert	578 kcal
Fett	62 g
Kohlenhydrate	3,3 g
Eiweiß	1,2 g

DER SPRITZBEUTEL MUSS ZWISCHEN DEN EINZELNEN SORTEN NICHT GEWASCHEN WERDEN – SO ENTSTEHEN MITUNTER GANZ NETTE **ZWEIFARBIGE BUTTERROSETTEN**.

Buttermilchdrink

ZUTATEN

250 ml Buttermilch 30 g Fruchtmark (z. B. Erdbeere, Aprikosen) **Minzblätter zum Garnieren** 1 EL Zucker

ZUBEREITUNG

- Die Buttermilch mit dem Fruchtmark vermischen und mit dem Schneebesen gut verrühren.
- In Gläser füllen und mit einem leicht angefeuchteten, in Zucker getauchten Minzblatt garnieren.

Molke-/Buttermilchgetränke ...

- enthalten hochwertiges Eiweiß.
- sind beste Durstlöscher.
- sind vielseitig in der Ernährung verwendbar.

Nährwert pro 100 g

Brennwert	60 kcal	Kohlenhydrate	11 g
Fett	0 g	Eiweiß	3 g

EIN AUSGEZEICHNETER **DURSTLÖSCHER** AN HEISSEN TAGEN.

Buttermilch mit Heidelbeeren

ZUTATEN

250 g Heidelbeeren 50 g Zucker
250 ml Buttermilch

ZUBEREITUNG

- Die Heidelbeeren mit dem Zucker gut vermischen, einige Heidelbeeren zum Garnieren beiseitestellen.
- Die Fruchtmischung mit Buttermilch vermengen und in kleine Schalen füllen.
- Mit den restlichen Heidelbeeren garnieren und servieren.

Foto © Miguel Dieterich

Nährwert pro 100 g

Brennwert	70 kcal	Kohlenhydrate	14 g
Fett	1 g	Eiweiß	2 g

EIN WOHLSCHMECKENDER, **VITAMINREICHER UND ERFRISCHENDER** GENUSS NACH EINER ÜPPIGEN MAHLZEIT.

Schotten –

eine Spezialität des oberen Ennstals

ZUTATEN

(für ca. 130 g Schotten)

1 l Buttermilch 100 ml warmes Wasser

ZUBEREITUNG

- Die Buttermilch unter ständigem Rühren aufkochen.
- Den Topf von der Herdplatte nehmen und das Wasser dazugeben.
- Die Flüssigkeit etwa zwei Stunden ruhen lassen, bis sich der Schotten am Topfboden abgesetzt hat.
- Ein feines Leinentuch über einen Topf spannen, die Schottenmasse hineinfüllen und die Molke abseihen.
- Den fertigen Schotten rasch durchkühlen. Die Haltbarkeit des Schottens wird dadurch um bis zu einer Woche verlängert.

Nährwert pro 100 g

Brennwert	97 kcal	Kohlenhydrate	3,6 g
Fett	4,4 g	Eiweiß	10,8 g

SCHOTTEN EIGNET SICH FÜR DIE ZUBEREITUNG VON **FEINEN CREMESUPPEN** ODER **PIKANTEN AUFSTRICHEN**.

Molketopfen

ZUTATEN

(für ca. 50 g Molketopfen)

2 l Molke 2 TL Zitronensäurepulver

ZUBEREITUNG

- Die Molke in einem Topf auf 90 Grad erhitzen.
- Die Zitronensäure unterrühren. Diese gesäuerte Molke ruhen lassen, nicht mehr rühren.
- Nach 30 Minuten das Molkeneiweiß über ein feines Tuch abseihen.
- Den Molketopfen wie Sauermilchtopfen weiterverwenden.

Nährwert pro 100 g

Brennwert	30 kcal	Kohlenhydrate	5 g
Fett	0 g	Eiweiß	1 g

DER MOLKETOPFEN EIGNET SICH BESONDERS GUT FÜR DIE HERSTELLUNG VON SÜSSEN **TORTENFÜLLUNGEN**, ABER AUCH FÜR DIE ZUBEREITUNG VON **PIKANTEN TOPFENSPEISEN**. ER IST IM GESCHMACK SEHR NEUTRAL UND AUS DIESEM GRUND SEHR **VIELSEITIG** IN DER ERNÄHRUNG VERWENDBAR. NEBENBEI SEI ERWÄHNT, DASS ER HOCHWERTIGES EIWEISS ENTHÄLT.

Anhang

Bezugsquellen

Hilfsmittel und Geräte für das Herstellen von Milchprodukten gibt es in Fachgeschäften für Haushaltswaren und im Fachversand im Internet – unten stehend ein paar Beispiele. Kleine Mengen an Flüssiglab sind auch in Apotheken und Drogerien erhältlich.

DEUTSCHLAND

Käsereibedarf Bunte Kuh
Hinterdorfer Straße 18
36154 Hainzell
www.kaesereibedarf.de

ÖSTERREICH

Hundsbichler GmbH
Sportplatzweg 5
6336 Langkampfen
www.hundsbichler.com

FAIE Versand
Telefunkenstraße 11
4880 Vöcklabruck
www.faie.at

SCHWEIZ

Grob AG
Sägenstrasse 67
7000 Chur
www.grobeng.ch

Die Autorinnen stellen weiterführende, fachspezifische Beiträge und Videos zu dieser Publikation auf folgender Website zur Verfügung:

http://bit.ly/2HwWc47

Glossar

Topfen	= Quark
Sauerrahm	= Saure Sahne
Schlagobers	= Süße Sahne
Schöpfer	= Schöpfkelle
Süßrahmbutter	= Butter aus süßer Sahne
Sauerrahmbutter	= Butter aus saurer Sahne
Schotten	= aus Buttermilch hergestellter Quark
Molketopfen	= Molkequark
Kren	= Meerrettich
Buttermodeln	= Butterformen aus Holz

Alphabetisches Rezeptverzeichnis

Literatur

Schiefer, E., Lipp, E.: Milchprodukte hausgemacht. Cadmos Verlag

Scholz, W.: Käse aus Schaf-, Kuh- und Ziegenmilch selbstgemacht. Ulmer Verlag

Mayer-Reithofer, E.: Milchprodukte selbst gemacht. Praxis und Rezepte. avBuch

Wogowitsch, C.: Ernährungslehre und Lebensmittelkunde. avBuch

Hanreich, L., Zeltner, E.: Käsen leicht gemacht. Rezepte für die Milchverarbeitung. 7. Auflage, Leopold Stocker Verlag

Huber, H.: Alles von der Milch, köstlich und selbst gemacht. Joghurt, Butter, Topfen/Quark, Käse und mehr. Dort-Hagenhausen-Verlag

Schmidt, K. F.: Käse – Butter – Joghurt leicht selbstgemacht.

Bundesanstalt für Milchwirtschaft Wolfpassing: Kursunterlagen Milchverarbeitung.

LFI Steiermark, Kursunterlagen FSOL Dipl.-Päd. Ing. Karl Fraißler, Kursunterlagen Ing. Helmut Zettelbauer: Bäuerliche Milchverarbeitung.

Agrarmarkt Austria: Milchbroschüre

Impressum

avBUCH im CADMOS Verlag

Titelgestaltung, Layout und Satz: DAS AGENTURHAUS, München; www.agenturhaus.com

Projektleitung und Lektorat: Dipl. Päd. Ing. Barbara P. Meister MA; FachLektor.at

Umschlagfoto: shutterstock.com/Oleksandra Naumenko

Druck: Graspo CZ, a. s., Zlín, www.graspo.com

Deutsche Nationalbibliothek – CIP-Einheitsaufnahme
Die Deutsche Nationalbibliothek verzeichnet diese Publikation in der Deutschen Nationalbibliografie; detaillierte bibliografische Daten sind im Internet über http://dnb.ddb.de abrufbar.

Printed in Czech Republic

ISBN: 978-3-8404-8310-3

Jetzt entdecken & gleich ausprobieren –

unsere kreativen Genuss-Bücher!

Kein Brot ist wie mein Brot
Ursprünglich • Natürlich • Hausgemacht

Eva Maria Lipp, Eva Fröhwein
ISBN 978-3-8404-8311-0

Hausgemacht kann ich selber …
Natürlich hausgemacht

Eva Maria Lipp, Eva Fröhwein
ISBN 978-3-8404-7032-5

Appetizer
Von kalt bis warm, von süß bis pikant

Eva Maria Lipp, Eva Fröhwein
ISBN 978-3-8404-7018-9

Dem Himmel so nah
Vom Leben auf der Alm

Eva Maria Lipp, Eva Schiefer mit Fotos von Udo Bernhart
ISBN 978-3-8404-3039-8

Tischlein deck' dich
Märchenhafte Rezepte kinderleicht

Eva Maria Lipp
ISBN 978-3-8404-7044-8

CADMOS Verlag
Cadmos Verlag GmbH | Englmannstraße 2 | 81673 München
Telefon +49 (0)89/451 08 510-0 | Email vertrieb@cadmos.de | **www.cadmos.de**